JN062289

はじめまして、法学 第2版

身近なのに知らなすぎる「これって法的にどうなの？」

中央大学法学部教授
遠藤研一郎

ウェッジ

本書を読み始める前に

私たちのすぐ隣に「法」がある

読者のみなさんの中で、「法」はどのような存在ですか？　もしかして、とても堅苦しくて面倒なイメージを持たれていませんか？　平和に暮らしている自分とは関係ないものと思っていませんか？　国や自治体が決めるもので、自分たちはそれに従うだけと感じていませんか？　その感覚は、１００％間違っているわけではありません。しかし、１００％正確というわけでもありません。

まず、何と言っても、**私たちのそばには、つねに法があります。**日常生活を営むうえで、法と無関係でいることは考えにくいと思います。この世に生まれたらそれだけで、親子や親族という法的な関係が始まります。毎日、道を歩くときには道路交通に関する法に従わなければなりません。コンビニで買い物をしたときにお金を払う必要があるのも法に基づくものです。すなわち法は、緊急事態のときだけに登場するわけではなく、私たちがどのように行動すべきかを決定するための指針にもなっています。

法は、時には社会をコントロールし、時には私たちの背中を押し、時には争いを解決し、時には限りある資源を分配するなど、重要な役割を果たしています。2人以上の人が共存して社会が作られるところに、つねに法があります。それは、歴史を見ても明らかです。たとえば、ウル・ナンム法典（古代メソポタミア。B.C.21世紀頃）やハンムラビ法典（古代バビロニア。B.C.18世紀頃）に見られるように、古代社会の時代から、法は存在し続け、それが途切れることはありません。

法律だけが私たちを縛っているわけではないが……

もっとも、法だけが私たちの行動指針ということではありません。道徳、倫理、常識、伝統、慣習などさまざまなルールに基づいて、私たちは、やるべきこと・やるべきでないことが決まります。法的にどうかは別として、「人としてどうなの？」「道徳的に許されない行為だ」「社会的に非常識でしょ！」「道義的な責任を感じます」「社会人失格だよね……」なんて言葉を、いくつも耳にします。

しかし、それとは別に、法という行動指針があるのです。時として、法は、私たちの中でもっとも強い行動指針となっています。「法に反しなきゃ、何やってもいいいだろ～」という人ですら（そういう考えは、決して好ましくないのですが……）、その裏返しとして、法だけは守る意識があるらしいのです。なぜなのでしょうか？

それは、**法に強制力が伴う**からかもしれません。たしかに私たちは、社会的に批判を受けそうな行為は、それだけでやるのを躊躇（ちゅうちょ）するでしょうし、社会的に賞賛されるような行為をしようと努力するかもしれません。しかし、「法的なレベル」というのは、時には、刑罰・損害賠償・行政的規制・税金などのサンクションや、反対に、税制優遇や補助金の交付などの利益を伴い、国家のレベルでルールを守ることを強く求めるものなのです。正義の女神であるテミスの像は、天秤とともに剣を持っています。これは、正義のためには、バランスだけではなく力による強制が必要であることを表しています。

公正な司法のシンボル、テミス像。裁判所、検察庁、弁護士事務所など法にまつわる場所ではおなじみ。（写真は中央大学 多摩キャンパス内のテミス像）

法のダイナミズム

読者のみなさんの中に、「法の内容は固定的である」という感覚をお持ちの方はいませんか？　たしかに、法が目まぐるしくコロコロと変わりすぎると、私たちは、何に則ったらいいのか分からなくなってしまいます。ですから、ある程度、法の安定性は必要です。

しかし、**法は、自然科学の世界のような不変の法則とは異なります。社会のためにあるべきルールです。**ですから、その内容は時代の流れによって、変化する必要があります。時には、法の「解釈」を変えることによって、時代に適合させていくかもしれません。また、解釈だけでは時代の変化に追いつかなくなったとき、改めて「立法」をすることになるかもしれません。いずれにしても、法にはダイナミズムがあるのです。

とくに近年は、電子技術が飛躍的に進歩したり、少子高齢化が進んで人口が減少したり、国際社会での日本の立ち位置が変わったりと、日本の社会構造が大きな曲がり角を迎えています。それに合わせて、法も新しいものが要求されます。

では、法は、誰が作ったり、変えたりするのでしょうか？　日本国憲法には、以下のような規定があります。

［憲法41条］
国会は、国権の最高機関であつて、国の唯一の立法機関である。

そうですね。ご存じのとおり、日本では、国会が唯一の立法機関です。そして、ここで注意してほしいのは、国会は、私たちから遠いところに存在しているわけではないということです。国会議員は、私たちが直接的に選挙で選んでいます。つまり、立法作業をするための私たちの代表者を、私たち自身が選び、託しているのです。そうすることによって、「自分たちのためのルールは、自分たちで作る」という民主主義の精神を実現しています。

そのような意味でも、私たち自身が、しっかりと法を学ばなければなりません。他人事ではなく、自分自身が社会のルールに対する意見を持ち、その意見を反映する議論をしてくれるような人を選挙で選ぶ必要があるのです。私たちが、法的な感覚を研ぎ澄まし、「質の高い1票」を投じることによって、日本や世界を、よりよいものにすることができるかもしれませんし、また、そのような責務も負っているはずです。**法は、私たちの手で作るのです。それが、民主主義です。**

本書の目指すところ

さて、本書は、法に対して今まであまり関心がなかった人を念頭に置いた入門書です（関心がないだけではなく、アレルギーがある読者も大歓迎！）。

市販の書籍の中には、「入門書」と銘を打ちながら、相当レベルの高い書籍も少なくありません。この点、本書は、法的な偏差値（実際にはそんなものはありません！　念のため）を40から51へ上げるようなイメージで執筆しています。そのぶん、気楽に読んでいただけると思います。ん？　51？　ええ、そこには、ほんの少しだけ、平均的な人より法的な事柄に好奇心をもてるようになってほしいという願いが込められています。

そして、もう1つ。本書のコンセプトについてもこだわりがあります。「入門書」と一言でいっても、コンセプト次第で、本の内容は相当違ってきます。

まず、「体系的に法を理解してもらうこと」をコンセプトに構成することが考えられます。その場合、日本の法全体の体系や分類だとか、個別の法ごと（たとえば、憲法、民法、刑法、会社法といった個別の法）の説明に、たくさんの紙面を割くことになります。しかし本書は、そのような説明は、ほとんどしていません。おそらく体系的な説明は、抽象的すぎて、多くの読者にとっておそろしく退屈なものになってしまうからです。法律を運用する専門家であれば、そのような体系的理解は必要不可欠です。しかし、「法的な偏差値51の市民」となるためには、法の体系的理解は、限られたものだけで十分であるように思います。

また、「実際に役立つような実務書」ということをコンセプトに置くことも考えられます。たとえば、「お墓の法律」とか「起業のために必要な法律実務」など、テーマを絞って徹底的に解説するハウツー本が、それに該当します。たしかに、特定のジャンルの法律ハカセになることも意義がありますし、そのための書籍はいくつも市販されています。しかし、本書はそのような内容になっていません。それは本書が、すぐに役立つような知識の伝授を目的としていないからです。

本書が目指すのは、**法的なものの考え方の修得**です。特定のジャンルの網羅的な知識がなくても、広い範囲に及ぼすことができる基礎的な思考力を育てることは、私たちが生きていくうえで必要な素養です。本書では、私たちの生活に密着した5つのテーマ、「家族」「所有」「事件・事故」「居住」「労働」を軸に、全体

を通じて、

社会でこんな守るべき利益がある！

↓

こんな法律がある！

という視点を大切にしています。社会の中にある問題、そのための制度（法律）の存在、その制度（法律）では克服されない問題点をちりばめています。読み進めるうえで、その点に着目してもらいたいとともに、「よりよい社会に向けて、どのような制度（法律）があるとよいか」を積極的に考えてもらいたいと願います。そのような思考こそが、法を学ぶ真髄なのです。

映画・ドラマ・小説・マンガとともに…

ところで、本書では、随所に、映画・ドラマ・小説・マンガなどが登場します。これらを、読者のみなさんはすでに観たり読んだりしているかもしれませんし、また、全然知らないかもしれません。ただいずれにせよ、本書では、抽象的な法律をできるだけかみ砕いて具体的にイメージしてもらうきっかけとして、これらの作品を紹介しています。

わざわざ映画や小説などを素材とせずに、ナマの事件を使うことも考えられます（実際に、ナマの事件を用いている箇所もいくつかあります）。ただ、ナマの事件は、必ず事件の当事者が実在しますし、また、いろいろな要素が入り混じっていて、単純な図式で事件を語ることが難しい（適切でない）場合も少なくありません。これに対し、映画・ドラマ・小説・マンガといった類のものは、フィクションが多いので、ナマの事件よりは自由に切り取ることが許されると思います。また、制作者は、社会に対して特定のメッセージを持っていて、それをデフォルメして作品にしているぶん、社会にある問題を伝えるためには、適しているかもしれません。同時に、本書によって、みなさんがこれから映画・ドラマ・小説・マンガなどを読むに際して、違った視点・感性を、少しばかり提供できるかもしれません。

さあ、それではじめましょうか！

＊文中の条文は、２０２３年４月１日時点で施行されている法令の内容に則っています。
＊文中に記載されている会社名・製品名などは、各社の商標および登録商標です。

もくじ

第1章 愛のカタチ――家族と法

CONTENTS

第2章 オレって持ってる——所有と法

CONTENTS

第3章

訴えてやる!——事件・事故と法

CONTENTS

第5章 クジゴジ（9時〜17時）――仕事と法

CONTENTS

第1章

愛のカタチ

――家族と法

プロローグ

本章では、**家族**を取り上げます。昔から、家族をテーマにした映画・ドラマ・小説は、無数にありますね。それだけ、私たちにとって、身近で、しかし深く考えさせられることが多い、永遠のテーマなのかもしれません。家族というのは、そのつながりが強くても弱くても、家族の関係がよくても悪くても、家族の構員の数が多くても少なくても、私たちが人生の中で、必ずといってよいほど向き合う人間関係です。

家族のカタチは、時代の流れとともに刻々と変化しています。以前は、1つの家に、夫婦とその子どもが住む（場合によっては、祖父母が同居する）という家族が一般的モデルであったかもしれません。しかし、晩婚化などと連動して少子化の流れは勢いを増し、さらには、未婚率も上昇しています。以前に比べて離婚件数は劇的に増加し、熟年離婚やシングルマザー（または、シングルファザー）も珍しくありません。結婚せずに同棲するカップルも増えています。セクシュアル・マイノリティがパートナーと人生を共にすることもあります。このような変化が、家族という社会的単位の「衰退」なのか、それとも変わり行く社会への「適応」なのかは、議論があるところです。しかしいずれにしても、家族のカタチは、大家族から核家族へ、そして、個人が自分の意思で自由に選択するものというように、多様化し、そして個人化していることは、間違いありません。

このような中、家族と法は、どのようにつながっているのでしょうか。法が家族にできることは何でしょうか。未来の家族を見据えたとき、法はどのようにあるべきなのでしょうか。一緒に、いくつかの場面について考えていきたいと思います。

1 親子になる

家族について規定する法律

まず、親子関係を取り上げたいのですが、その前提として、親子関係を含む家族関係について規定した法律には、どのようなものがあるのでしょうか。

この章でもたくさんの法律が登場しますが、そのもっとも基本となるルールとして、**民法**という法律があります。とくに、第４編（民法７２５条～８８１条）には、親族に関するルールがあります（この編のことを「親族法」と呼ぶ場合があります）。

そもそも、「親族」とは、一定の身分関係に属する集まりのことを意味します。

親族法は、戦後の昭和22（１９４７）年に大改正があったのですが、それ以前の親族法の中心には「家（いえ）」制度がありました。そして、その制度のもとでは、男は一家の家長として家族を統率し、女は夫や夫の両親につかえ、家の跡継ぎを生み育てるということが役割とされていました。個人の権利よりも集団としての「家」

が優先されていたのです。

しかし、改正により、個人の尊厳と両性の本質的平等を柱として、家制度は廃止され、男女・夫婦の平等を前提に両性の合意によって家族に関するさまざまな事柄を決定することをモデルとしたルールが規定されて、現在に至ります。

家族のカタチも法律によって規定されているよ。

COLUMN

「民法」という法律

ここで登場する民法は、日本の法律の中でも、最も重要な位置を占める法律の一つです。明治31（1898）年に施行されて以来、何度も改正が加えられながら、今も生き続けています。

私たちの私的な活動は、大きく、財産関係（たとえば、売買契約、土地の所有権、事故の際の賠償など）と、家族関係（たとえば、養子縁組、離婚、扶養、相続など）の二面から成り立っています。民法は、その両面を規定した法律です。

もちろん、私的な活動を規定した法律は、民法のほかにもたくさんあります。たとえば、商法、利息制限法、借地借家法、製造物責任法などです。これに対して民法は、「一般法」としての地位を占めます。一般法とは、「個別の領域での特別な法律（特別法）があればそれに従うけれども、それがない場合には、民法のルールを適用する」というように、特別法を下支えする、土台となる法律です。言い方を変えれば、特別法は、民法を補充したり、修正したりすることを目的としていて、その必要がなければ特別法は制定されずに民法のルールを用います。

「親」って一体、誰？

私たちは、必ず、特定の男女から生を受けてこの世に誕生し、今を生きています。親子関係は、私たちがこの世に生を受けたらすぐに形成される、**おそらく最初の法的な関係**です。子どもが生まれると、親は、子に名前をつけて出生届（左ページの図参照）を出し、子は親の戸籍に登録されます（戸籍法49条、52条[*1]）。

ところで、そもそも、「この人とこの人は、親子だ」ってどのように認定するのでしょうか？　通常、母と子のつながりは、妊娠・出産という事実によって分

＊1　【戸籍法49条】出生の届出は、14日以内（国外で出生があつたときは、3箇月以内）にこれをしなければならない。（後略）
【戸籍法52条】①嫡出子出生の届出は、父又は母がこれをし、子の出生前に父母が離婚をした場合には、母がこれをしなければならない。（後略）

かります。では、父子関係はどうでしょうか？　男性は、生物学的に妊娠・出産を経験しませんから、自然と父子関係が分かるわけではありません。まぁ、見た目で父子関係を否定しようもない、外見ソックリの親子はいますが……。この点、民法に次のような規定があります。**嫡出推定**といわれる規定です。

【民法772条1項】
妻が婚姻中に懐胎した子は、夫の子と推定する。

一見すると、おもしろい規定です。結婚している間に子どもが生まれたからといって、懐胎が夫によるものだということは、客観的事実としてまったく明らかではありません。ぶっちゃけて言えば、妻が不倫をして妊娠をした可能性は十分にありますよね。しかし、民法は、夫婦間における貞操義務（夫婦が相互に、配偶者以外の相手

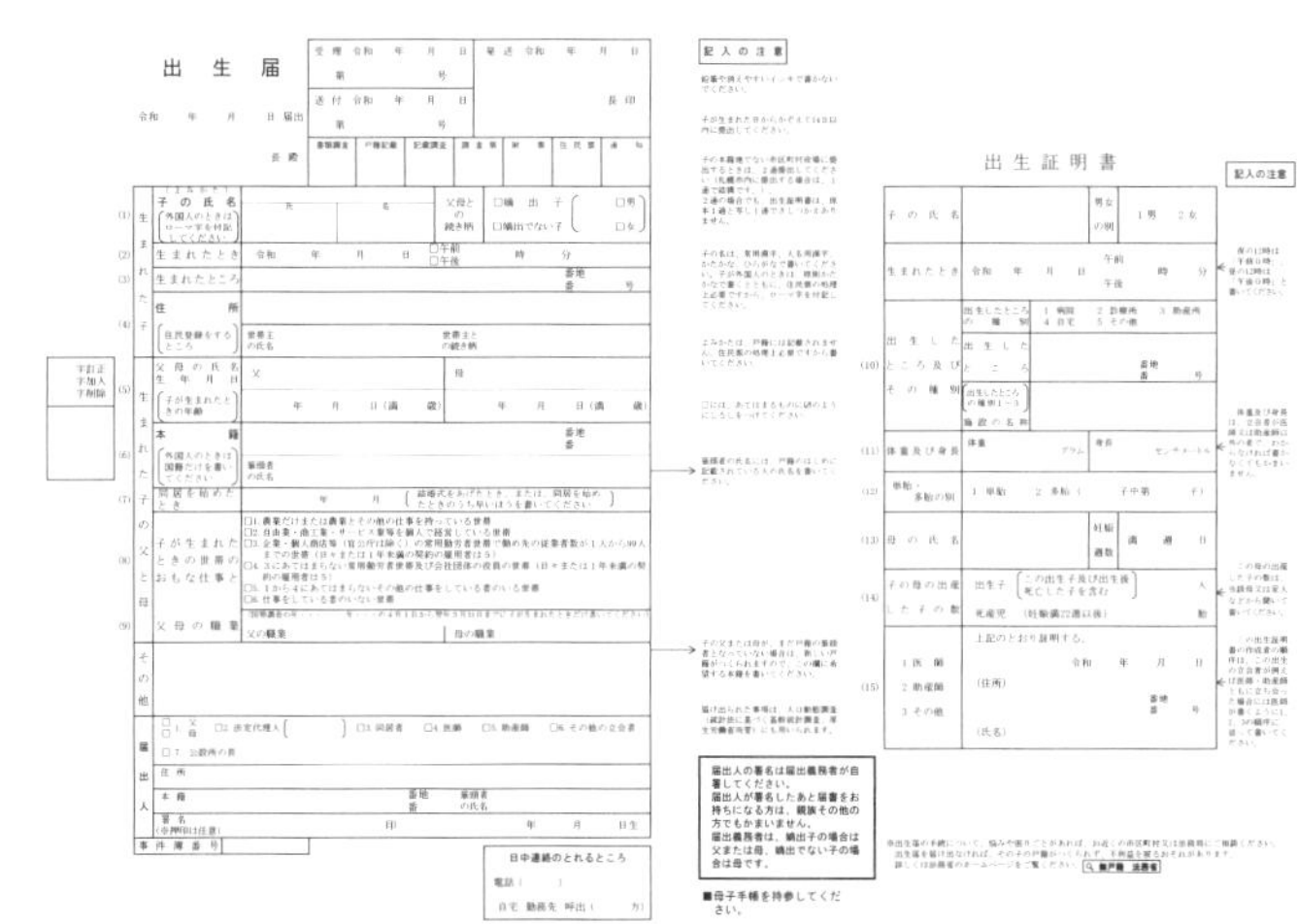

出生届

令和　年　月　日届出

長殿

受理　令和　年　月　日 第　号	発送　令和　年　月　日
送付　令和　年　月　日 第　号	長印

書類調査	戸籍記載	記載調査	調査票	附票	住民票	通知

(1)	生まれた子	子の氏名（外国人のときはローマ字を付記してください）	氏　名　／　父母との続き柄　□嫡出子　□嫡出でない子　□男　□女
(2)		生まれたとき	令和　年　月　日　□午前　□午後　時　分
(3)		生まれたところ	番地　番　号
(4)		住所（住民登録をするところ）	世帯主の氏名　世帯主との続き柄
(5)	生まれた子の父と母	父母の氏名 生年月日（子が生まれたときの年齢）	父　年　月　日（満　歳）　母　年　月　日（満　歳）
(6)		本籍（外国人のときは国籍だけを書いてください）	番地　番　筆頭者の氏名
(7)		同居を始めたとき	年　月（結婚式をあげたとき、または、同居を始めたときのうち早いほうを書いてください）
(8)		子が生まれたときの世帯のおもな仕事と	□1. 農業だけまたは農業とその他の仕事を持っている世帯 □2. 自由業・商工業・サービス業等を個人で経営している世帯 □3. 企業・個人商店等（官公庁は除く）の常用勤労者世帯で勤め先の従業者数が1人から99人までの世帯（日々または1年未満の契約の雇用者は5） □4. 3にあてはまらない常用勤労者世帯及び会社団体の役員の世帯（日々または1年未満の契約の雇用者は5） □5. 1から4にあてはまらないその他の仕事をしている者のいる世帯 □6. 仕事をしている者のいない世帯
(9)		父母の職業	父の職業　母の職業
	その他		
	届出人		□1. 父 □母　□2. 法定代理人（　）　□3. 同居者　□4. 医師　□5. 助産師　□6. その他の立会者　□7. 公設所の長
		住所	
		本籍	番地　番　筆頭者の氏名
		署名	印　年　月　日生
	事件簿番号		

日中連絡のとれるところ
電話（　）
自宅　勤務先　呼出（　方）

記入の注意

届出人の署名は届出義務者が自署してください。
届出人が署名したあと届書をお持ちになる方は、親族その他の方でもかまいません。
届出義務者は、嫡出子の場合は父または母、嫡出でない子の場合は母です。

■母子手帳を持参してください。

出生証明書

記入の注意

	子の氏名	男女の別　1男　2女
	生まれたとき	令和　年　月　日　午前／午後　時　分
(10)	出生したところ及びその種別	出生したところの種別　1 病院　2 診療所　3 助産所　4 自宅　5 その他 ／ 出生したところ　番地　番　号 ／ （出生したところの種別1～3）施設の名称
(11)	体重及び身長	体重　グラム　身長　センチメートル
(12)	単胎・多胎の別	1 単胎　2 多胎（　子中第　子）
(13)	母の氏名	妊娠週数　満　週　日
(14)	その母の出産した子の数	出生子（この出生子及び出生後死亡した子を含む）　人 ／ 死産児（妊娠満22週以後）　胎
(15)	1 医師　2 助産師　3 その他	上記のとおり証明する。令和　年　月　日 （住所）番地　番　号 （氏名）

と性的関係をもたない義務）が、婚姻中はちゃんと守られていることを前提に、このような推定規定を置いているのです。

では、婚姻関係にない男女の間で子どもが生まれた場合は、どうでしょうか？ 一般的に、このような子どものことを、「嫡出でない子（婚外子（こんがいし））」といいます。この場合には、前述のような推定が働きません。ですから、積極的に法律上の親子関係を発生させる手続が必要です。それが、**認知**です。父母が自発的に父母であることを認める場合には、**任意認知**の手続によって行います。また、任意認知をしない場合でも、裁判によって「あなたの子だということを認めて！」と訴えることができます。これが、**強制認知**です（民法787条[*2]）。

「誰が親か？」を明確にすることは、その子が育つ過程でとても重要だね！

親子にとって大切なものは？

ところで、出産のときに自分の子を取り違えられたら、どうなるでしょう？

＊2 **【民法787条】** 子、その直系卑属又はこれらの者の法定代理人は、認知の訴えを提起することができる。ただし、父又は母の死亡の日から3年を経過したときは、この限りでない。

「そして父になる」[*3]という映画があります。福山雅治演じる主人公・野々宮良多は、妻・みどり、6歳になる息子・慶多と3人暮らし。良多は大手建設会社に勤務し、高級マンションで優雅に暮らしています。しかしある時、慶多を出産した病院から連絡があり、出生時の取り違えが発覚します。実の子は、小さな電気店を営む斎木家のもとで育っていました。それを知った2組の夫婦は苦悩します。大切なのは、今まで一緒に生きていた時間なのか、それとも「血」のつながりなのか。「父子」間で交わしたミッションの行方は？　そして、ストーリーの結末は――。

これと根っこの部分がつながるものとして、報道などでも大きく取り上げられた、親子関係に関する最高裁判決[*4]（最高裁平成26年7月17日判決）があります。ある女性が婚姻中に、ほかの男性（いわゆる不倫相手）との間に子どもをもうけたケースで、法律上の父（女性の夫）と子どもとの間で、法律上の親子関係があるのか否かが争われた事件です。その際に、摘出の推定が覆るのかが議論となりました。最高裁は、次のようなことを挙げて、直ちに、民法772条1項（25ページ）による推定が及ばなくなるとはいえないと判示しました。

＊3　2013年公開、是枝裕和監督。第66回カンヌ国際映画祭長編コンペティション部門審査員賞受賞。子どもの取り違えに遭遇した2つの夫婦をとおして、愛や絆、家族といったテーマを描く。

＊4　裁判所HPから、裁判所の裁判例情報を得ることができる。「最高裁判所判例集」を含む6つの判例集、速報に掲載されている重要な判決等が掲載対象となっており、すべての事件が公開されているわけではない。そのほか、最新の裁判例を紹介する商業誌（たとえば「判例時報」や「判例タイムズ」など）、有料の判例データベースもある。

夫と子との間に生物学上の父子関係が認められないことが科学的証拠により明らかであり、かつ、夫と妻がすでに離婚して別居し、子が親権者である妻のもとで監護されているという事情があっても、子の身分関係の法的安定を保持する必要が当然になくなるものではない。

「生物学上の父子関係」と「法律上の父子関係」が異なる場合が出てきたとき、**生物学的な関係よりも、法律上の関係**（＝子どもの福祉）**を優先させる場合がある**ことを示したものといえます。

読者のみなさんにとって、「血」のつながりはどれくらい大切かな？

代わりに母となって産むということ

少し倫理的な親子問題についても取り上げておきましょう。先ほど私は、「母と子のつながりは、妊娠・出産という事実によって分かります」と軽はずみに書

＊5　2018年放送のフジテレビ系ドラマ。妊活に臨む夫婦が、複数のカップルとコーポラティブハウスで生活するストーリー。子を産まない選択、同性愛、夫の再就職などそれぞれの夫婦が抱える悩みがサブテーマに。

きましたが、本当でしょうか？

現在、日本の夫婦の10組に1組は不妊症といわれています。そんな時、夫婦は、不妊治療を選択するかもしれません。深田恭子と松山ケンイチが主演したドラマ「隣の家族は青く見える」[*5]では、厳しい不妊治療の現実に、夫婦で誠実に向き合っていました。ただし、不妊治療の成果が上がらなかったり、または、治療の効果が期待できなかったりする場合はどうでしょう。その場合、生殖技術が高度に発達した現在において、夫婦の選択肢の1つとして、**代理出産**があります。

代理出産とは、妻の代わりに別の女性（代理母）に子どもを妊娠してもらって、生まれた子どもを依頼者が引き取るというものです。その方法には、いくつかのパターンがあるのですが、

代理出産のイメージ

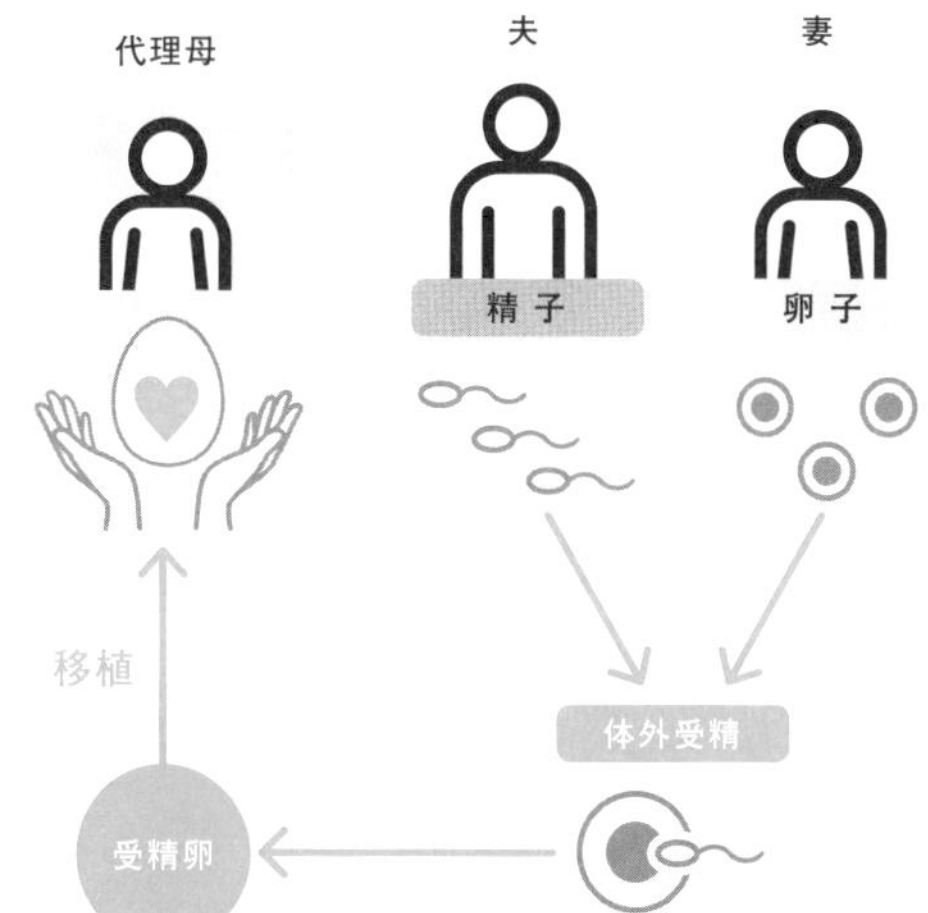

体外受精技術が実用化された後は、卵子と子宮が必ずしもパッケージとならず、依頼者夫婦の受精卵をほかの女性の子宮に移植し、分娩させるという方法（いわゆる子宮貸し）も、技術上は可能となっています。日本国内では禁止されていますが、海外には認める国もあります。日本人の中でも、それを利用して外国で代理出産を依頼する例が少なくありません（29ページの図参照）。

果たして、代理出産は、認められるべきものなのでしょうか？　たとえば、日本において、何の法的規制もない（代理出産が認められている）状態だと仮定して、読者のみなさんは、次のような事例をどのように受け止めますか？

【事例】

A子（32歳）は、高収入な夫と5年前に結婚し、専業主婦として不自由なく暮らしていましたが、この夫婦は、A子に医学上のリスクがあるため、子どもをもつことができずにいました。それを不憫（ふびん）に思ったA子の妹B子（29歳、独身）は、ある時、自分の卵子を使って代理出産をしてはどうかとA子夫婦に提案しました。

A子夫婦は、B子の申し出をうれしく受け止めましたが、B子が妊娠・出産をする形での代理出産は、キャリアウーマンであるB子の会社での立場に影響が出るのではないかと心配しました。そこで、都内にある不妊症センター（いわゆる代理出産の仲介業者）に行って、報酬300万円で代理出産をしてくれる女性を、できるだけ早く探してもらいたいと依頼しました。

その頃、C美（23歳、独身）は、ギャンブルに負けて消費者金融から借りた180万円の返済に苦しんでいました。給料も安く、親を含む親戚とも絶縁状態にあり、借金を返済できるあてはありませんでした。そんな折、ふと、不妊症センターの「代理母（子宮貸し）募集」の広告に目がとまりました。C美は、「千載一遇のチャンス！」と思い、それに応募しました。

A子夫婦とB子とC美は、センターの仲介で、A子の夫とB子の受精卵をもとにした代理出産契約を締結しました。無事に妊娠・出産を経て、元気な赤ちゃんが生まれたら、その子を引き渡すこと、そして、C美は、その子に対する権利のすべてを放棄すること、その対価としてC美に300万円を支払うことが契約内容でした。契約締結から約1年後、C美は無事に出産を終え、A子夫婦は子どもを受け取り、B子は姉の幸せそうな姿を喜びました。C美は借金を全額返済して、窮地を免れました。不妊症センターも、30万円の仲介手数料を手に入れました。めでたし、めでたし（？）。

功利主義と危害原理

さて、この事例、ストーリーも登場人物も単なる空想のものです。しかし大切なことは、このような形での出産が医学上では十分に可能であるということと、そして、実際に、このような条件（または、それに近い条件）でも出産を望むニーズが、私たちの社会の中に潜在的に相当程度あるのではないかということです。

そもそも、商業的な代理出産契約は、登場人物全体の効用（主観的な満足度・欲望充足度）を高めるように見えます。事例でも、A子夫妻、B子、C美、そして不妊症センターも含めて、代理出産によってみんなハッピーになったように感じます。どうしても子どもを授かりたいと願う夫婦がいる以上、代理出産という制度は、社会に利益をもたらすようにも思えます。代理出産をする側も、誰かを助けたいという気持ちが満たされる場合もあるでしょうし、仮にそのような気持ちがなくても、お金を稼げる絶好の機会と喜ぶ人もいるかもしれません。ですから、**「最大多数の最大幸福」**[*6]を考えた場合、安易にそれを禁止すべきではないという発想になるかもしれません。

また、代理出産擁護論の中には、私たちの選択決定の範囲を制限すべきではな

*6　とくに、哲学者・法学者ジェレミ・ベンサム以降のイギリスの「功利主義」の理念を示す言葉として用いられている。幸福とは個人的快楽であり、社会は個人の総和であるから、最大多数の個人が持つことができる最大の快楽こそが、人間の目指すべき善であると考える。

いとの考え方に基づくものもあります。自由な意思のもとで自己決定をしているのであれば、それが**第三者に危害を加えないものである限り、最大限に尊重されるべきである（制限の対象になるべきではない）**[*7]というのです。

*7　このような考え方を「危害原理」という。J.S.ミルが『自由論』の中で展開した。

代理出産に対する批判的視点

他方、代理出産契約を締結するという選択肢が私たちに与えられてよいのか、不安を覚える人もいるかもしれません。このような契約は、子どもを取引の対象とするものであって、倫理的にも有効なものとして扱われるべきでないと考える人もいるでしょう。

また、代理出産をする女性の利益は、損なわれないのでしょうか。たしかに事例のC美は、積極的に契約に合意していますが、**合意に至る動機**（事例では、貧困からの脱出）に、私たちは無関心のままでよいのでしょうか。統計的に見れば、現在、代理母の多くは貧困層であり、依頼者の多くは富裕層です。それが数値的に逆転することはありません。それでも、自由な意思に基づく契約といえるでしょうか。

諸外国では、代理出産に寛容である国もあります。しかし、とくに、卵子と子宮が必ずしもパッケージでなくなって以降（すなわち、子宮貸しのように、依頼者夫婦の受精卵をほかの女性の子宮に移植する方法が、医学的に可能になった後）は、代理出産が、女性を、出産のための単なる道具とみなすものであると批判的に評価する傾向が、世界的に強くなっているように思います。以前は代理出産に寛容であった国（たとえば、インドやタイなど）が、近年、厳しく規制するようになった例も少なくありません。

さらに、代理出産が横行した場合に、誰が父となり、母となるのでしょうか。事例においては、A子＝気持ち上の母、B子＝遺伝上の母、C美＝子宮上の母ということになりそうです。このような場合に、A子と子どもの間に、法的な母子関係を認めてよいのでしょうか？　遺伝子上は子どもともっとも深くつながるB子は、子どもとまったく無関係なのでしょうか？　C美が、出産後に、「やはり私がこの子の母親よ！」と主張した場合、どうでしょうか？

有名な事件に、アメリカのニュージャージー州で起こった「ベビーM事件」があります。依頼者である夫の精子を用いて人工授精で出産した代理母が、出産後に子の引き渡しを拒否した事件で、州最高裁判所まで争われました。*8 反対に、生

*8　地方裁判所は、代理母契約を有効とし、依頼夫婦に親権があると認めたが、州最高裁判所は、代理母契約を無効とした。そのうえで、生まれた子の父親は依頼した夫、母親は代理母となったが、夫に親権を認め、依頼夫婦は養育権を取得することとなった（結局、代理母には訪問権のみが認められた）。

まれてきた子どもが障がいを持っていたために、依頼者が受け取りを拒否した事件もあります。そんな**複雑な関係を生み出す可能性**のあることを、社会的に許してよいのでしょうか。

『こわれた絆──代理母は語る』[*9]では、代理出産に関係した人たちの苦悩が描かれています。悲劇は、商業的な代理出産だけではなく、善意で行われたはずの無償の代理出産においても起こりうることがわかります。

代理出産は、立場や考え方などによって、賛否が分かれる難しい問題だ。

*9 世界各国の代理母たちの苦悩を取りあげ、商業代理出産や無償代理出産の闇を描く。

ジェニファー・ラール／メリンダ・タンカード・リースト／レテーナ・クライン（編）柳原良江（訳）『こわれた絆─代理母は語る』生活書院

2 子どもを育てる

親の権利と義務

親子関係が認められると、どのような権利・義務関係が発生するのでしょうか。成年（18歳）に達すれば、一人前の大人として扱われますから、親の庇護から抜け出すのでしょうが、未成年者である間は、通常、父母の**親権**に服しながら生活することとなります。

［民法820条］
親権を行う者は、子の利益のために子の監護及び教育をする権利を有し、義務を負う。

この規定は、子どもの成長を支援し、社会人として育成するために親権者に与えられた権利・義務を表しています。より具体的には、子どもの居所を指定して、そこに居住させること、子どもに職業を営む許可を与え、あるいは必要に応じて許可を取消すことなどがその内容となります。

〔民法824条〕
親権を行う者は、子の財産を管理し、かつ、その財産に関する法律行為についてその子を代表する。（後略）

また、親権者は、**子の財産を管理し、その子を代表（代理）する権利**も持ちます。なお、ここでの「管理」には、たとえば、子ども名義の不動産を売却するなど、財産を処分することも含まれると解されています。つまり、親権者には広範囲の権利が与えられているのです。ただし、親権者が不適切な財産管理をした場合には、子どもの財産を管理する権利を喪失する可能性もあります。

さらに言えば、親権者には利益になるが子どもに不利益になるような場合には、親権者は子どもを代理することはできず、特別代理人[*10]を選任しなければなりません。たとえば、自分が経営する会社の借金のために、子どもが所有している不動

＊10　特別代理人の選任は家庭裁判所によってなされる。特別代理人には、利害関係のない親族や、弁護士、司法書士が選任されることが多い。

産を担保に入れることは、親子の利益が相反します。

親は、監護・教育・財産管理など広い領域の権利を子どもに対して持っているんだね。

追いつめられる親子

血縁関係があるからといって、しっかりと子育てをする親ばかりではありません。さまざまな事情で、子どもに愛情を感じることができない親もいるのが現実です。そしてそれは、時として、児童虐待という形で表れます。

『きみはいい子』[*11]という小説は桜が丘という町を舞台にして紡がれる5編の短編集です。夕方5時まで家に帰れず雨の日も校庭にたたずむ生徒、娘に手を上げてしまう母親、障がいをもった男の子……。虐待が1つの大きなテーマになっていて、虐待をされる側、する側の両方の心理が描かれています。

この小説（および映画）には、それぞれの苦悩・絶望の中に一筋の希望が見え

＊11　同じ町の、同じ雨の日の午後を描いた短編集。

中脇初枝『きみはいい子』ポプラ文庫

2015年、呉美保監督により映画化。主演は高良健吾、尾野真千子。原作の「サンタさんの来ない家」「べっぴんさん」「こんにちは、さようなら」の3編が素材。

ます。しかし、現実はそのようなものばかりではありません。児童虐待は、殴る、蹴る、性的暴行、ネグレクト、言葉による脅しなど、その形態は多岐にわたりますが、どれも等しく、子どもは傷を負います（下の図参照）。時には、発見が遅れて死亡してしまう事件もあります。「どうしようもない親」もいますが、中には、さまざまな状況から追いつめられて、社会的孤立の中で虐待に至ってしまう親もいます。

児童虐待がなされた場合、その子は、どのような社会的保護を受けられるのでしょうか。**児童福祉法**や**児童虐待の防止等に関する法律**に基づいて、いくつかの制度が設けられています。

たとえば、**一時保護制度**があります。これは、緊急に子どもを家庭から引き離す必要がある場合に一時的に用いられるものです。親などの意思に

児童虐待の形態

令和3年度における内容別内訳

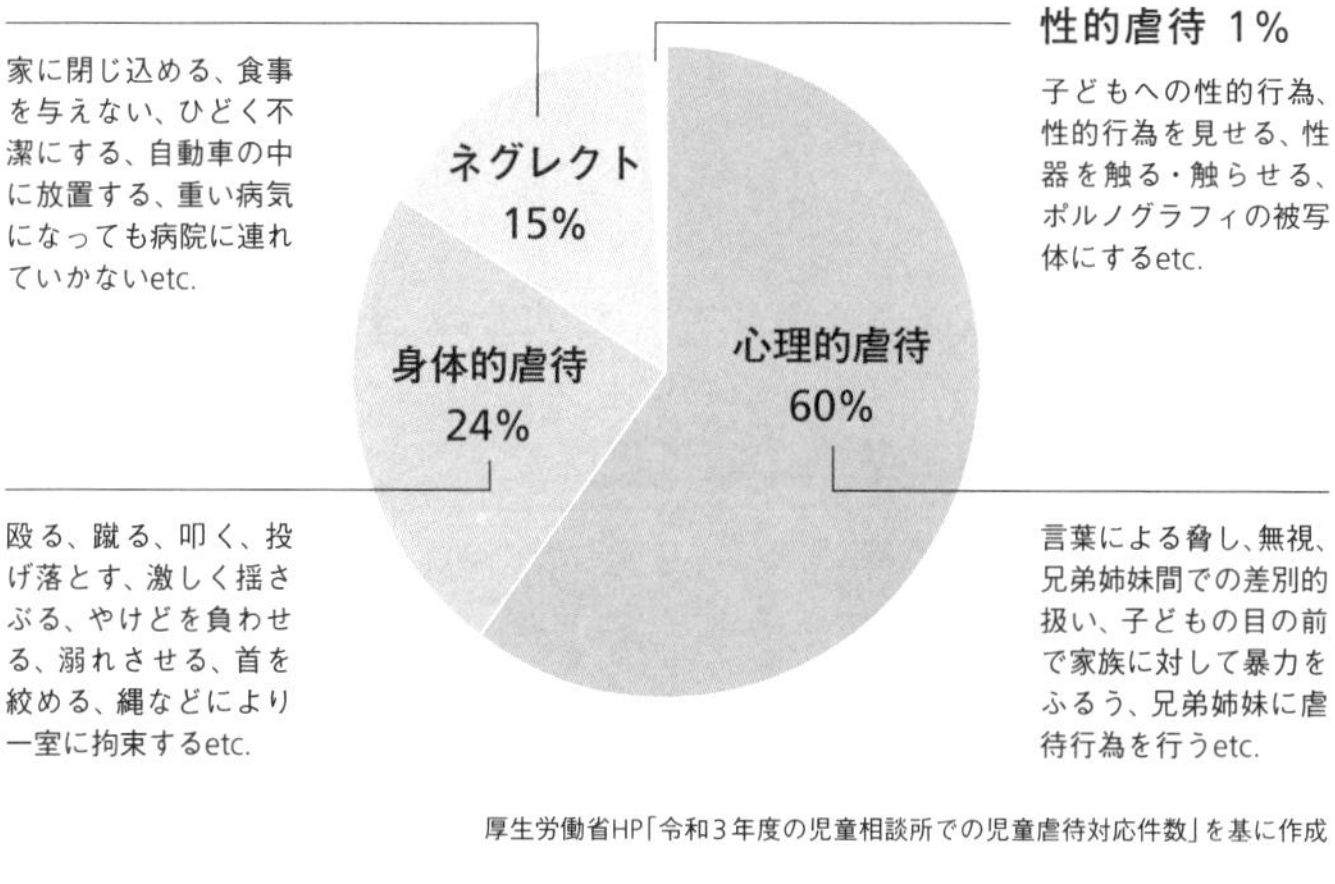

性的虐待 1%
子どもへの性的行為、性的行為を見せる、性器を触る・触らせる、ポルノグラフィの被写体にするetc.

ネグレクト 15%
家に閉じ込める、食事を与えない、ひどく不潔にする、自動車の中に放置する、重い病気になっても病院に連れていかないetc.

身体的虐待 24%
殴る、蹴る、叩く、投げ落とす、激しく揺さぶる、やけどを負わせる、溺れさせる、首を絞める、縄などにより一室に拘束するetc.

心理的虐待 60%
言葉による脅し、無視、兄弟姉妹間での差別的扱い、子どもの目の前で家族に対して暴力をふるう、兄弟姉妹に虐待行為を行うetc.

厚生労働省HP「令和3年度の児童相談所での児童虐待対応件数」を基に作成

反して行うことができますし、また、裁判所の許可も要することなく行政上で行うことができる、強力な制度です。

また、**児童養護施設**もあります。これは、災害や事故、親の離婚や病気、または不適切な養育を受けているなどさまざまな事情によって、家族による養育が困難な子どもたちが暮らすための施設です。現在、全国で610程度の施設に約2万7000人が暮らしています（2020年3月現在）。個々の自立目標に合わせた支援計画をもとに、児童指導員、保育士などの専門職の人たちが、子どもたちの養育を行っています。

いろいろな親子関係があります。何が理想の親子関係かは分かりません。ただ、子どもは、基本的に親を選べません。ですから、少なくとも、親の言動によって、子どもの明るい未来が閉ざされてしまうことは避けなければなりません。

あらゆる虐待から子どもが守られることは、「子どもの権利条約」の内容にもなっているよ。

＊12　自身も虐待を受けて育った新米児童福祉司の主人公が、子どもたちを救うために奔走するストーリー。児童精神科医、弁護士、心理士など専門家の監修を仰ぎ、児童相談所の最前線をリアルに描く。

夾竹桃ジン（漫画）水野光博（シナリオ）『ちいさいひと　青葉児童相談所物語』小学館

子どもも保護者も支える児童相談所

児童虐待への対応の中核を担う行政機関として、都道府県に設置された**児童相談所**があります。児童相談所が虐待の通告を受けると、先ほど説明をしたように、子どもの一時保護、児童福祉施設への収容などの措置をとることになっています。子どもの命に関わる緊急性のあるケースも少なくありません。とくに最近は、子どもの安全確認・安全確保のために、積極的な介入が期待されています。

ただし、児童相談所は、同時に、**保護者の行動や生活の改善に向けて支援する役割**も担っています。つまり、「保護者と対峙する」のと「保護者に寄り添う」という相反する役割があり、難しい舵取りが要求されています。

年々増加する児童虐待

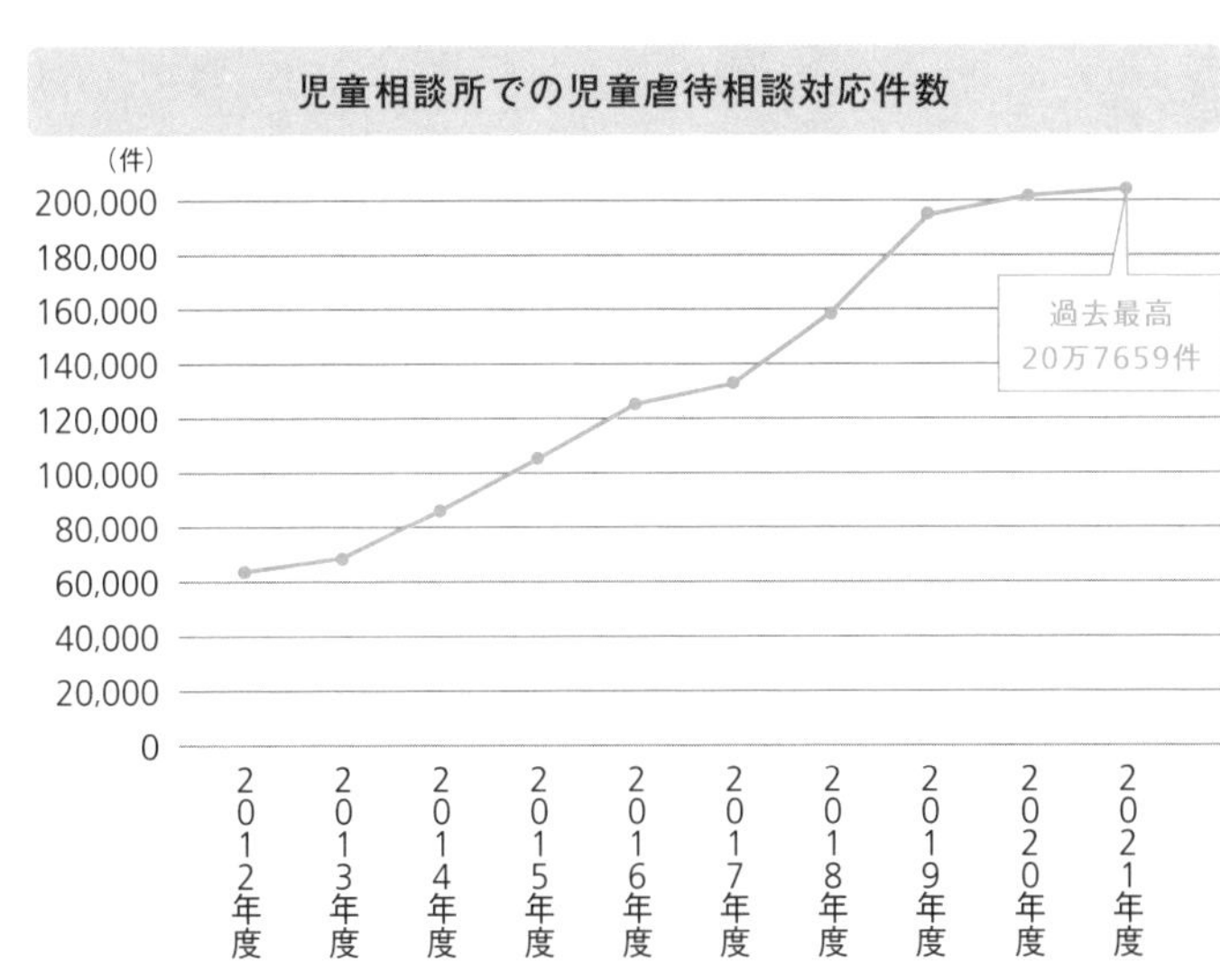

「令和3年度 児童相談所での児童虐待相談対応件数」（厚生労働省）を基に作成

また、児童相談所は、児童虐待だけを取り扱っているわけではありません。戦後間もないころの戦災浮浪児対応にはじまり、時代ごとのニーズに合わせた形で、児童やその保護者に対する支援を行っています。その範囲は、子どもの発育に関する相談、障がい・非行・不登校などの相談・支援など、さまざまです。児童対応のための、いわば百貨店的な存在であり、仕事も厳しく、仕事量も非常に多いといわれており、現場は慢性的に疲弊していることが問題視されています。『ちいさいひと 青葉児童相談所物語』[＊12]は、児童福祉司が奮闘する漫画ですが、実際の現場はつねに過酷です。

子どもと、その子の未来を結ぶために、児童相談所の力が必要だ。

血がつながっていなくても…

虐待をすれば、親とはいえ、もちろん、刑事的責任に問われる可能性もあります。たとえば、保護責任者遺棄罪（刑法２１８条）[＊13]、遺棄等致死傷罪（刑法２１９条）[＊14]、

＊13【刑法２１８条】老年者、幼年者、身体障害者又は病者を保護する責任のある者がこれらの者を遺棄し、又はその生存に必要な保護をしなかったときは、3月以上5年以下の懲役に処する。

＊14【刑法２１９条】前2条の罪を犯し、よって人を死傷させた者は、傷害の罪と比較して、重い刑により処断する。

＊15【刑法２０８条】暴行を加えた者が人を傷害するに至らなかったときは、2年以下の懲役若しくは30万円以下の罰金又は拘留若しくは科料に処する。

＊16【刑法２０４条】人の身体を傷害した者は、15年以下の懲役又は50万円以下の罰金に処する。

＊17【刑法２０５条】身体を傷害し、よって人を死亡させた者は、3年以上の有期懲役に処する。

暴行罪（刑法208条）[*15]、傷害罪（刑法204条）[*16]、傷害致死罪（刑法205条）[*17]などです。『「鬼畜」の家——わが子を殺す親たち』[*18]は、厚木（あつぎし）市幼児餓死白骨化事件、下田市嬰児（えいじ）連続殺害事件、足立区ウサギ用ケージ監禁虐待死事件の3つを取り上げています。同書が、ノンフィクションであることが胸に刺さります。

民事上はどうでしょうか？　先ほど説明したとおり、民法上、親は、子の監護及び教育をする権利を有し、義務を負うものとされています。しかし、もちろん、虐待をすることは親権の範囲に含まれません。親権者として、子の監護にふさわしくない事情がある場合には、子を保護するため、本人を含む特定の人からの申立てにより、**親から親権を奪う（親権喪失・停止）制度**があります（民法834条、834条の2）[*19]。

では、親が育てられない場合、その子どもはどのように育てられるのでしょうか。児童養護施設などに加え、より一般的な「親子」に近い養育の方法として、**里親制度（とくに養育里親）**があります。必要な子どもを預かり、親に代わって一時的または継続的に養育する仕組みです。基本的には、実親のもとで暮らすことができるようになるまでですが、期間はまちまちで、長い場合は成人になるまで委託を続けるケースもあるようです。

＊18　3件の虐待死事件から、家庭内虐待の真実に迫る衝撃の作品。

石井光太『「鬼畜」の家—わが子を殺す親たち』新潮文庫

＊19　【民法834条】父又は母による虐待又は悪意の遺棄があるときその他父又は母による親権の行使が著しく困難又は不適当であることにより子の利益を著しく害するときは、家庭裁判所は、子、その親族、未成年後見人、未成年後見監督人又は検察官の請求により、その父又は母について、親権喪失の審判をすることができる。（後略）
【民法834条の2】①父又は母による親権の行使

さらに、血がつながっていなくても法律上で親子関係を認める制度として、**養子縁組**があります。とくに日本では、今まで、血縁によらない擬制的な親子関係が、途絶えることなく重要な役割を果たしてきました。日本において昔から多くの割合を占める養子は、婿養子を中心として、家の承継や親の扶養を目的とする成年養子です。今もその傾向は変わりません。しかし、実の親の監護を受けることが難しい未成年の子どもを対象とした、**特別養子縁組制度**もあります（民法817条の2[*20]）。家のための養子縁組ではなく、子どもの福祉のための養子縁組です。生みの親との親子関係を消滅させて成立させるものであり、また、基本的に離縁が認められないなど、強い親子関係を作ります（左ページの図参照）。児童相談所や民間団体によるあっせん活動が活発化する中、特別養子縁組の活用も徐々に増えてきています。

血がつながっていなくても認められる「親子」関係ってあるんだね。

が困難又は不適当であることにより子の利益を害するときは、家庭裁判所は、子、その親族、未成年後見人、未成年後見監督人又は検察官の請求により、その父又は母について、親権停止の審判をすることができる。（後略）

＊20 **【民法817条の2】**①家庭裁判所は、（中略）養親となる者の請求により、実方の血族との親族関係が終了する縁組（以下この款において「特別養子縁組」という。）を成立させることができる。（後略）

里親制度と養子縁組の違い

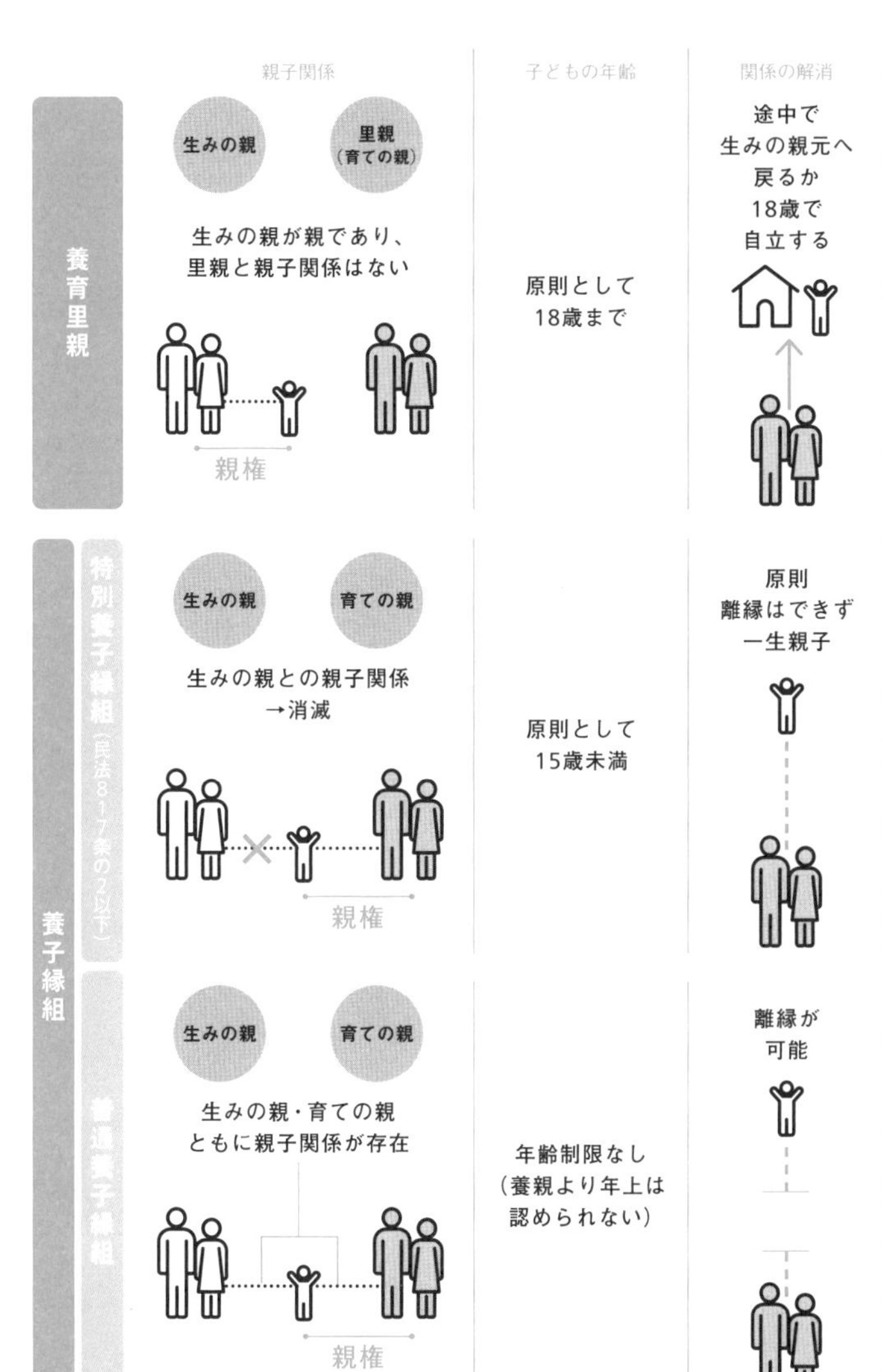

日本財団HP「養子縁組と里親制度の違い」を基に作成

3 結婚する

「負け犬」増加中

『負け犬の遠吠え』[*21]が出版されたのが2003年です。この本は、当時、ベストセラーとなり、「負け犬」は、2004年度流行語大賞でトップテン入りも果たしました（ちなみに大賞は、「チョー気持ちいい」でした）。

ところで、著者の酒井順子さんが書いていた「負け犬」の定義をご存じですか？書籍の冒頭の部分を抜粋します。

狭義には、未婚、子ナシ、三十代以上の女性のことを示します。この中で最も重要視されるのは「現在、結婚していない」という条件ですので、離婚して今は独身という人も、もちろん負け犬。二十代だけどバリバリ負け犬体質とか、結婚経験の無いシングルマザーといった立場の女性も、広

＊21 著者（当時）の同世代が抱える本音を書き綴ったエッセイ。

酒井順子『負け犬の遠吠え』講談社文庫

義では負け犬に入ります。つまりまぁ、いわゆる普通の家庭というものを築いていない人を、負け犬と呼ぶわけです。

さて、それから20年近くが経ちました。今の日本はどのようになっているでしょうか。総務省統計局の国勢調査を見ると、「生涯未婚率（50歳時点で一度も結婚したことがない人の割合）」は、年々上昇を続けており、１９８０年頃まで５％を下回っていたものが、２０２０年調査では、男性が25・７％、女性が16・４％に達したという結果になっています。また、国立社会保障・人口問題研究所の推計によると、生涯未婚率は、今後、もっと上昇することが予想されています。

この数値を多いと思うか少ないと思うか、よいと思うか悪いと思うかは、見解が分かれるでしょう。１つ確かなことは、結婚をしない人が、相対的に増えているということです。

「つき合うこと」と「結婚すること」

なぜ、結婚をしない人が増えているのでしょうか。たくさんの理由があるようです。それを調査・分析した書籍（研究論文なども含む）も多く存在します。「結婚しないのではなくて、できないのだ！」という悲痛な叫びも聞こえてきます。経済的に苦しいという理由や、結婚したくてもよきパートナーがいないという理由など……。

しかし他方では、結婚しようと思えばできる環境だけれど、敢えてそれを選択しない人も少なくありません。独身の人は、時に、独身生活にそれなりのメリットを感じているようです。そして、そのメリットの大きな1つに、「束縛されずに済む」ことがあるようです。

ここでいう「束縛」とは、おそらく、その大半は事実的なもの（1人の時間がとりにくくなる、稼いだお金の自由がきかなくなるなど）でしょう。しかし同時に、法的にも、結婚には、結構強い拘束性があります。

そもそも、結婚（法律用語では「婚姻」）とは、男女が、**継続的に生活上の結合を約束する身分的な契約**です。結合するぶん、それはけっこう、拘束的です。まず、夫婦は、同じ氏にしなければなりません（夫婦同姓。民法750条[*22]）。また、配偶者の血族とも親族関係が生まれます（姻族関係。民法725条[*23]）。お互い貞操義務を果たさなければなりません（民法770条1項1号[*24]）。同居し、協力し、扶

＊22【民法750条】夫婦は、婚姻の際に定めるところに従い、夫又は妻の氏を称する。

＊23【民法725条】次に掲げる者は、親族とする。
1　六親等内の血族
2　配偶者
3　三親等内の姻族

＊24【民法770条】①夫婦の一方は、次に掲げる場合に限り、離婚の訴えを提起することができる。
1　配偶者に不貞な行為があったとき。（後略）

助をしなければなりません（民法752条）[*25]。日常家事から発生する債務について は、お互いが連帯して責任を負うことになります（民法761条）[*26]。単につき合っ ているという状態とは異なる、法的拘束力の強い状態。これが結婚（**法律婚**）な のです。

また、結婚は、「つき合う」というような純粋な私的関係ではなく、一種の公的関係といってもいいかもしれません。今お話しした、結婚に伴う法的な権利・義務の発生のほかにも、結婚をする際には、婚姻届を役所に提出して戸籍に登録する（いわゆる、入籍）などの手続が必要ですし、また、法が定めた結婚ができる要件を満たしていなければなりません。どんなに愛し合っていても、一定の近親者（たとえば、親と子、兄と妹など）の間では結婚ができませんし、また、中学生同士の結婚もできません。すなわち、結婚は、「つき合う」というレベルの純粋な精神的作用ではなく、社会的な制度なのです。

結婚には、いろいろな形式的要件を備える必要があるね。

*25【民法752条】夫婦は同居し、互いに協力し扶助しなければならない。

*26【民法761条】夫婦の一方が日常の家事に関して第三者と法律行為をしたときは、他の一方は、これによって生じた債務について、連帯してその責任を負う。（後略）

COLUMN

婚約とはどういう関係？

「婚約」という関係があります。簡単に言うと、将来結婚しようという約束のことです。結婚（法律婚）と異なり、口約束でも十分に成立しますが、通常は、婚約指輪の受け渡し、結納、相手方の両親への挨拶などがなされます。では、婚約がなされると、どの程度の法的拘束力が生じるのでしょうか？

まず、婚約をした場合、両者は、誠実に交際して、結婚を成立させる努力義務を負います。ただし、相手方が途中で婚約破棄をしてきた相手方に対して、「結婚をしろ」と強制することはできません。それをしても、円満な結婚生活が送れることが望めないからです。

しかし他方で、相手方が正当な理由なく婚約を破棄した場合には、相手方に対して損害賠償を求めることができます。「正当な理由」があるかどうかは、個別的な判断となりますが、相手方に不貞行為があったような場合は、一般的に、正当事由が認められる傾向にあります。他方で、性格の不一致が発覚した、相手が特定の宗教を信仰している、家族から反対を受けたなどの場合、正当事由が認められないケースもあります。

つまり、「つき合う」という状態よりも法的拘束力が強まった状態。これが婚約です。

結婚前から?

結婚に伴う拘束力は、**婚前契約**がある場合、より強いものになるかもしれません。婚前契約とは、結婚する者同士で、結婚する前に、結婚後の生活に関するさまざまな約束をしておくことです。どのような内容の取り決めをするのかについて制限があるわけではありません。たとえば、結婚前からお互いが保有する財産をどうするか、家事の分担はどうするか、夫婦間の家計(家賃、食費など)の管理をどうするか、子どもが生まれたときに育児の分担をどうするか、どちらかが浮気をして離婚するに至った場合の親権や慰謝料をどうするかなど、内容はさまざまです。生活の細かい決め事まで、すべて法的拘束力をもたせられるかは、検討の余地があります。しかし、いずれにしても、口約束ではなく**書面で契約書を作成しておくことで、うやむやにさせない点**に大きな意義があります。

もちろん、結婚をしてから、その都度、約束をすることも可能です。ただし、夫婦間の契約は、いつでも取り消せることになっています(民法754条)[27]。ですから、結婚をしてからの約束は、実は、法的拘束力が強くありません。結婚前にすることに意味があります。

＊27 【民法754条】夫婦間でした契約は、婚姻中、いつでも、夫婦の一方からこれを取り消すことができる。ただし、第三者の権利を害することはできない。

なお、婚前契約の締結にあたっては、夫婦での取り交わしでも十分に有効ですが、法律の専門家（弁護士や行政書士[*28]など）に作成を依頼することによって、より厳密な契約内容にできます。また、契約書を公正証書[*29]で作成していると、直ちに相手方の財産を差し押さえるなどの手続が可能となる場合もあります。

婚前契約、少し窮屈な気も……（汗）。

法律婚と事実婚は、何が違う？

中には、法律婚を選択しないで**事実上の夫婦（事実婚）**として共同生活を送るという選択をする人たちもいます。すなわち、婚姻届を出さないまま、しかし、法律上の夫婦と同様の生活を送るのです。では、事実婚は、法律上でどのように扱われるのでしょうか。法律婚のような拘束力は生じるのでしょうか。

いままでの判例などの蓄積によって、相当程度、**事実婚でも法律婚に近い形として扱われる**ようになっています（これを準婚理論という場合があります）。たとえば、

＊28　法律に則った書類作成をする職業。司法書士との違いは書類の提出先。行政書士は行政機関にまつわる書類、司法書士は法務局や裁判所に関係する書類を作成する。

＊29　公証人法に基づいて公証人が作成する公文書。証明力、証拠力を備えた証書となるので、公正証書の契約に関して裁判になったときは証拠として採用される。紛争の予防に効果的。（58ページで詳述）

法律婚の際に発生する権利義務として先ほど紹介したもの（同居義務、協力扶助義務、貞操義務、日常家事債務の連帯責任など）は、およそ、事実婚にも認められます。また、事実婚が解消された場合の財産分与や損害賠償も認められる傾向がありますし、事実婚のパートナーが死亡した場合、残された者に居住権が確保される方向性になっています。社会保障法上の保護（健康保険の利用、育児・介護休業の利用、公営住宅への入居など）を受けることも可能です。

　では、法律婚と事実婚で大きく異なるのは、どこでしょうか。おそらく、①**同じ姓とならない**、②**結婚に伴う姻族関係が生じない**、③**相続が発生しない**など、いくつかの点に集約されるように思います。このうち、①に関し

婚約と結婚、法律婚と事実婚の違い

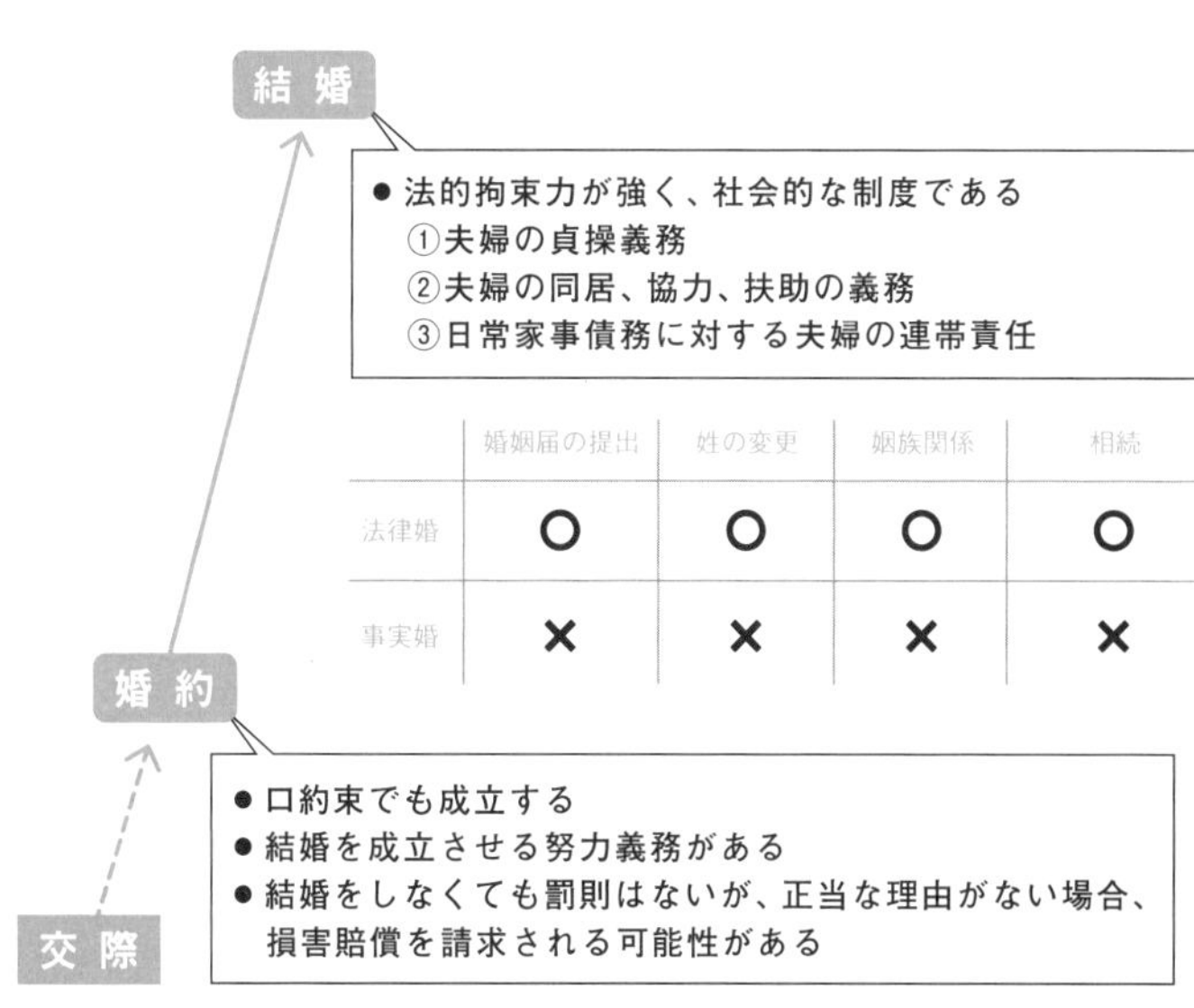

	婚姻届の提出	姓の変更	姻族関係	相続
法律婚	○	○	○	○
事実婚	×	×	×	×

て、事実婚カップルは、むしろそれを望む（夫婦同姓しか認められない日本において、事実婚を選択する人の一定割合は、夫婦別姓を実現する目的を持っている）傾向にあります。また、②についても、夫婦がそこにこだわりを見せなければ、大きな不利益をもたらすものでもないでしょう。「自分の親などの面倒を、パートナーにはかけたくないし、自分もパートナーの親などの面倒を見たくない」と思っているのであれば、むしろ、事実婚の方が適合的です。おそらく、③が、一番の問題となります。パートナーに財産を承継させるためには、生前贈与や遺言など、一定の工夫が必要です。

事実婚の場合、パートナーの相続人になれない。
遺言や生前贈与などの工夫が必要だね。

COLUMN

夫婦別姓

夫婦別姓とは、結婚がなされた後も、夫婦がそれぞれの姓（氏）を名乗る（または名乗ることができる）というものです。

日本では、現在まで、夫婦別姓を認めていません。夫または妻のいずれかの姓で統一しなければなりません。これは、「夫婦の絆が大切」「家族（とくに子ども）間で姓が統一されていないのは好ましくない」などの理由があるようです。どちらの姓を称するかは、夫婦の自由な選択に委ねられていますが、妻が姓を改める割合が圧倒的に多いのが現状です。

他方、近時では、個人の尊重、アイデンティティー、男女平等など、さまざまな観点から、必要に応じて夫婦別姓を選択できる制度（選択的夫婦別姓制度）を求める動きが強くなっています。また、諸外国でも、夫婦別姓を採用している国がほとんどです。

家制度が廃止され、氏名というものが、個人を特定するためのものにすぎないのだとすれば、少なくとも夫婦別姓が選べる自由が与えられてもよいかもしれません。

多彩なパートナーシップ

次に、ＬＧＢＴと結婚について考えてみましょう。

「ＬＧＢＴ」という言葉は、すでに多くの人によって使われていますね。Lesbian（女性同性愛者）、Gay（男性同性愛者）、Bisexual（両性愛者）、Transgender（性別越境、性別違和）の頭文字をとったもので、セクシャル・マイノリティの総称として用いられている言葉です。[*30] また、近時では、この４つに当たる人だけではなく、「ＬＧＢＴＱ＋」「ＬＧＢＴＱＩＡ＋」という言葉が表すように、さらに多様なセクシュアリティが認められています。

では、現在、日本でセクシュアル・マイノリティの人がどれくらいいるのでしょうか？　ＬＧＢＴ総合研究所や日本労働組合総連合会などの調査によると、現在、日本におけるＬＧＢＴの割合は、全体の約８％程度と推定されています。ちなみに８％というのは、左利きやＡＢ型の人よりも多い数字です。もはや、「マイノリティ」という言葉はふさわしくないようにも思います。

それでも、日常生活において、一定の悩みを抱えているＬＧＢＴは少なくありません。そもそも、周囲に打ち明けることにとまどいを覚えるのは、日本に、

＊30　ＬＧＢＴのパレードなどでよく見かけるレインボーフラッグ（写真左）は、尊厳と社会運動を象徴する旗。１９７０年代から使用されている。

写真提供：写真ＡＣ

LGBTを自然に受け入れる土壌が不足しているためです。いじめを受けたり、就職活動で差別的扱いをされたり、賃貸住宅への入居を拒絶されることもあります。

婚姻に関する法整備も不十分です。異性カップルには、結婚（法律婚）という道が与えられています。しかし、同性カップルには、その選択肢が用意されていません。したがって、たとえば、パートナーの一方が死亡しても、残された者に相続権が与えられません。また、不測の事態が生じた場合に、**パートナーとしての権利や義務**（**保険金や慰謝料の請求、扶養義務、医療行為への同意**）も、十分に生じません。

2015年に、東京都の渋谷区や世田谷区で、同性パートナーの証明書を発行する制度を開始したのを機に、自治体レベルでは、同様の取り組みをするケースが増えました。また、性的指向などを理由として、差別的な扱いをすることを禁止する条例もあります。しかし、国レベルでの本格的な検討はこれからです。

世界では、多様なパートナーシップを受け入れる社会が広がっているよ。

公証制度を知っていますか？

国民の私的な法律紛争を未然に防ぎ、私的法律関係の明確化、安定化を図ることを目的として、公正証書の作成等の方法により一定の事項を公証人に証明させる制度。

→公証人とは、公証事務を担う公務員。原則30年以上の実務経験を有する法律実務家の中から、法務大臣が任命する。多くは判事・検事・法務事務官出身で、中立・公正な立場となる。

→公証事務（公証人が提供する法的サービス）には、大きく、①公正証書の作成、②認証の付与、③確定日付の付与、の3つがある。

→公証役場は全国に約300カ所ある。自宅や勤務先の近くをはじめ、どの公証役場でも利用できる。

公正証書とは…

- 当事者が合意した文面を、当事者（代理人でも可）の立ち合いのもとに公証人が作る公文書
- 通常の文書より、法的な効力（強い証拠力、執行力、高い信用力）がある
- 原案作成などのサポートを弁護士や司法書士に依頼することが多い
- 公正証書の原本は公証役場で20年保管される

公正証書はどんなときにつくるもの？

金銭の貸し借り

POINT

- 強制執行認諾文言を公正証書に記載することで、債務者が約束どおり支払わない際、債権者は調停や裁判をすることなく、直ちに強制執行できる

遺言

POINT

- 紛失・改ざんのおそれがない
- 家庭裁判所による検認が不要のため、遺産手続きがすぐに開始できる

離婚

POINT

- 慰謝料、養育費の支払い、財産分与などについての合意を確実に守らせる

4 離婚する

離婚までの道のり

結婚したものの、いろいろな原因で離婚に至ることがあります。

厚生労働省の「人口動態統計特殊報告」によると、令和2（2020）年の離婚件数は、19万3253件です。単純計算で、1時間に24組あまりの夫婦が離婚していることになります。熟年離婚は高止まり状態。また、近年増加している国際結婚の場合は、離婚率もさらに高くなるのが現状です。

離婚の方法には、主たるものとして、協議離婚、調停離婚、裁判離婚があります。このうち、**協議離婚**とは、夫婦間の協議を経て合意に達した場合に離婚届を提出して成立する離婚です。離婚全体の88％程度を占めます。

しかし、当事者だけで協議が整わない場合には、家庭裁判所に夫婦関係調整の家事（かじ）調停を申し立てます。家事調停とは、裁判所（家事裁判官と家事調停委員からなる調停委員会）が間に入りながら、当事者の話し合いによる自主的解決を目指すものです。これが**調停離婚**です。調停を行わずに、いきなり裁判をすることはできません（専門的にこれを、「調停前置主義」といいます）。離婚に際しては、夫婦で得た財産の清算、財産分与、慰謝料、離婚後の扶養、親権者などの問題を解決するため、夫婦間の話し合いが欠かせないからです。離婚全体の10％程度を占めます。

そして、調停も整わない場合には、最終的に、**裁判離婚**となります。裁判離婚の場合、一方の当事者が離婚を望まないのに、裁判所の力で強制的に離婚が成立することになります。そのため、民法770条1項[*31]が定める法定離婚原因がある場合にのみ認められます。結果として、離婚のために、多大な時間や労力を費やす場合が少なくありません。

離婚したあと、お互いが、しっかりとした人生の再スタートを切れることが重要だ。

＊31【民法770条】①夫婦の一方は、次に掲げる場合に限り、離婚の訴えを提起することができる。
1 配偶者に不貞な行為があったとき。
2 配偶者から悪意で遺棄されたとき。
3 配偶者の生死が3年以上明らかでないとき。
4 配偶者が強度の精神病にかかり、回復の見込みがないとき。
5 その他婚姻を継続し難い重大な事由があるとき。

COLUMN

不貞行為をした者からの離婚請求？

たとえば、A夫が、勝手に家を出てB子と長年同棲をしたうえで、法律上の妻であるC美に離婚を求めた場合、その離婚の請求は認められるのでしょうか？　とくに、C美は、離婚したくないと思っている場合に、原因を作ったA夫（「有責配偶者」といいます）が、みずから離婚を求められるとしたら、少し虫がよすぎませんか？

これに関して、最高裁判所は、以前、夫の勝手な請求を認めるのならば、妻は踏んだり蹴ったりであるとして、夫からの離婚請求を認めませんでした（最高裁昭和27年2月19日判決）。しかし、その後、徐々に、実質的な夫婦関係に着目し、実質的に破綻している場合には、民法770条1項5号の離婚原因に該当し、有責配偶者からの離婚請求も認めるようになりました。最高裁大法廷昭和62年9月2日判決では、夫婦の別居が、両当事者の年齢・同居期間との対比において相当の長期間におよび、夫婦間に未成熟子が存在しない場合には、離婚請求を容認することが著しく社会正義に反するような特段の事情がない限り、有責配偶者からの離婚請求も認められるものとしました。

この考え方は、破綻した結婚を清算したうえで、新しい人生を歩み始めるほうが、お互いのためであるとの発想に基づくものです。では、意に反して離婚を余儀なくされる配偶者（C美）の生活保障はどうなるのでしょうか？　それは、形ばかりの婚姻を継続させるという形で実現するのではなく、有責配偶者から、財産分与・慰謝料請求・年金分割・子どもの養育費などを十分に支払ってもらうことによって実現していくべきものと考えられます。

大人の都合？

離婚に伴い、子どもはどのようになるのでしょうか？　子は、父母が婚姻をしている間は、その共同の親権に服します（民法818条3項）[*32]。つまり、父親と母親の両者のもとで育てます。では、両親が離婚をしたら？　日本では、その場合、**どちらか一方が親権を持つ**ことになります。親権者になったほうが、子どもを引き取り、監護・教育し、財産管理を行います。非親権者は基本的に口出しできません。ですから、時には、親権をめぐって、激しく父親と母親が争う場合もあります。

映画「クレイマー、クレイマー」[*33]は、ダスティン・ホフマンとメリル・ストリープが共演した名作です。タイトル名は、もともと夫婦だったクレイマーさん（夫）

＊32　【民法818条】③親権は、父母の婚姻中は、父母が共同して行う。（後略）

＊33　1979年公開のアメリカ映画（日本公開は1980年）。ロバート・ベントン監督。結婚8年目にして妻の自立心から結婚生活が破綻した夫婦と幼い息子。離婚・親権争い、女性の自立など社会問題を描いた作品。第52回アカデミー賞作品賞受賞。

『クレイマー、クレイマー』デジタル配信中／Blu-ray&DVD発売中　発売・販売元：ソニー・ピクチャーズ エンタテインメント

とクレイマーさん（妻）が争っているので、〝Ｋｒａｍｅｒ vs.Ｋｒａｍｅｒ〟です。仕事第一主義だった夫のテッドが、息子ビリーとフレンチ・トーストを作るシーンや、自転車の練習をするシーンは、あまりにも有名です。そして、子の親権をめぐる裁判の結末は――。

離婚をした後は、通常、元の夫婦は別々のところで暮らしますので、子は、一方の親と暮らし、もう一方の親とは暮らせないことになります。しかし、**夫婦の絆はなくなっても、親子の絆はなくなりません。**親子が互いに会うことができないことは、子の福祉の観点から望ましくないとも考えられます。そこで、親子が別居している場合に、その親子が面会することが認められています。これが、**面会交流権**[*34]です。

なお、諸外国では離婚後の共同親権を認める国も多く、日本でも、近時、共同親権制度の導入についての検討が活発となっています。

親権も面会交流権も、親の欲求を満たすものではないよ。子の利益（福祉）が最優先だ。

＊34 子どもと離れて暮らしている親と子どもが、直接会ったり、それ以外の方法(手紙や写真のやり取り、電話やメール、プレゼントの受け渡しなど)で親子の交流をしたりする権利。家庭裁判所の元調査官らによって設立された「ＦＰＩＣ（エフピック）・家庭問題情報センター」といった第三者機関が面会交流の橋渡しをしている。

5 判断能力の低下と家族の支え

認知症と法律

「認知症およびその予備軍が高齢者の4人に1人」という時代に突入しています。認知症とは、認知機能の低下が起こって、日常生活に支障をきたすような状態です。自分だけではなく、家族が認知症を発症してしまう場合も考えられます。

認知症を扱った映画や小説も、多く世に出されていますね。たとえば、小説『明日の記憶』[*35]。広告代理店に勤める佐伯雅行が体調不良から病院で診察を受けると、若年性アルツハイマー病と診断されます。進む症状に苦しみ恐れる描写が、胸を打ちます。渡辺謙主演で映画化もされました。

認知症を患うと、判断能力が低下するため、自分自身で行うことができる法律行為が限定されます。自分の行為の結果を認識することができない状態で（これを、専門的に**意思無能力**といいます）、売買契約を締結したり、遺言を書いたりしても、

*35 若年性アルツハイマーの苦しみを描きつつも、家族愛・夫婦愛に主軸を置いた人間ドラマ。第18回山本周五郎賞受賞。2006年、堤幸彦監督により映画化。

荻原浩『明日の記憶』光文社文庫

その行為は無効となります。そのような意味では、判断能力が確保されている早期のうちに、将来の財産管理方法を検討する必要があるかもしれません。

任意後見(こうけん)契約に関する法律に基づいた、**任意後見契約**というものがあります。任意後見契約とは、自分の判断能力が確保されている間に、特定の人（受任者）に対して、判断能力が十分でなくなってしまった際の自分自身の生活、療養看護、財産管理に関する事務を委託しておく契約です。「自分のことは自分で決める」ということを基本線として、判断能力があるうちに、万一の時に備えて自分の意思で決定しておくのです。契約書は公正証書によって作成します（任意後見契約に関する法律3条[*36]）。

他方、任意後見契約などをしないまま本人の判断能力が減退してしまった場合には、本人の財産管理や生活などに支障が出るかもしれません。例えば、金融機関に預け入れている預金が凍結されることもあり得ます。本人は意思能力がなく、また、親族も代理権を持っていないので、金融機関としても払い戻しに応じられないのです。また、本人が日常的な生活に必要な契約を締結しようと思っても、意思能力がなくなっていると、有効な契約を締結することが困難となることも考えられるのです。

＊36 【任意後見契約に関する法律3条】任意後見契約は、法務省令で定める様式の公正証書によってしなければならない。

そこでそのような場合には、**法定後見制度**を活用することが考えられます。法定後見制度とは、判断能力が不十分となった高齢者などを、家庭裁判所の審判を通じて、サポートが必要な人（被後見人、被保佐人、被補助人）と認めてもらい、同時に、その人をサポートする人（後見人、保佐人、補助人）を選任してもらうというものです。[*37] 親族などが家庭裁判所に申し立てることによって、**審判**が行われます。その審判を通じて、後見人などが本人の代わりに取引をしたり、また、本人が単独で行ってしまった行為を、事後的に取消したりすることができるようになります。**財産管理**だけではなく、**身上監護**（本人の生活、治療、療養、介護などに関する法律行為）も行なわれます。

成年後見制度

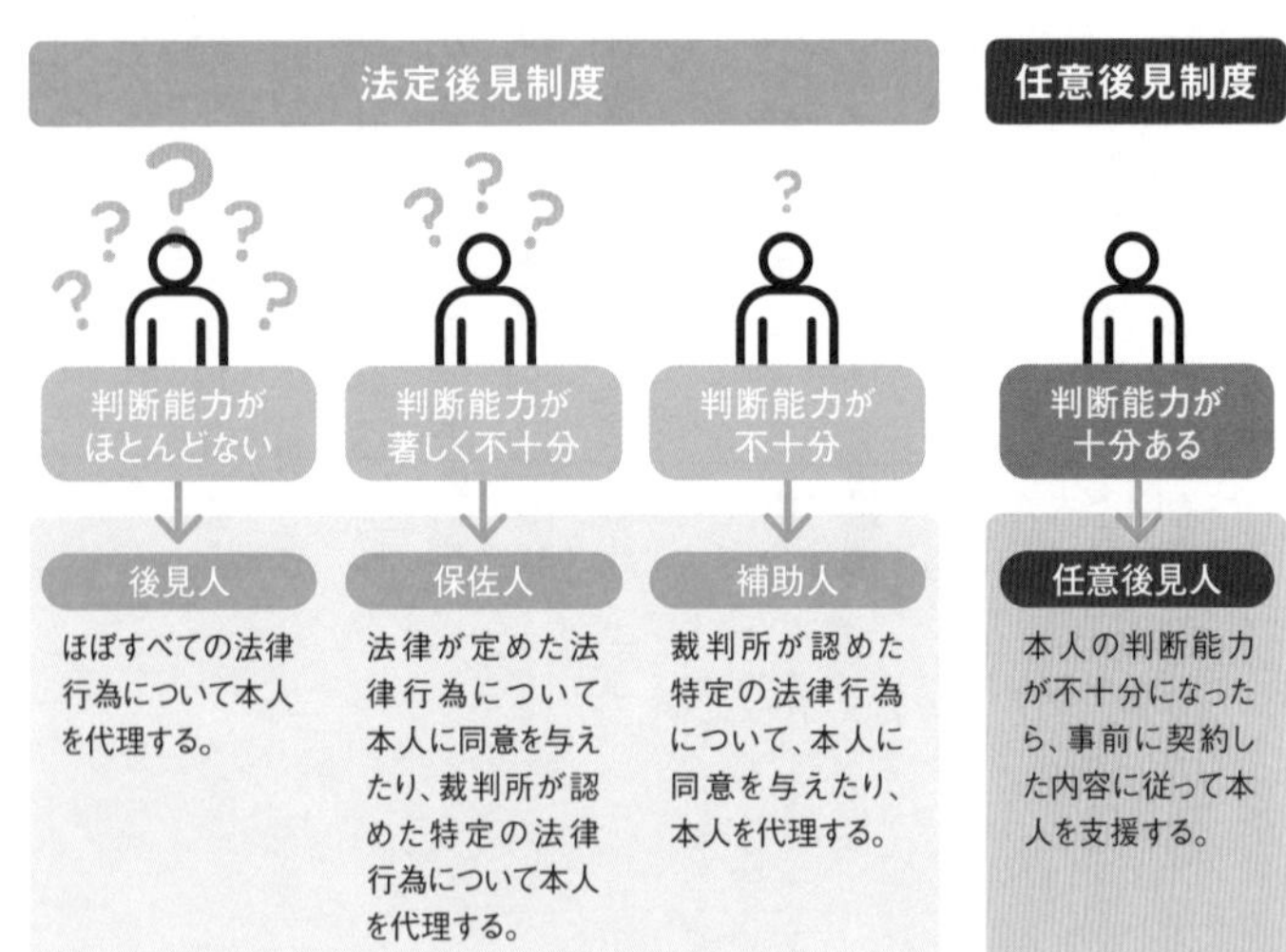

後見人などにどの程度の権限が与えられるかに関する具体的な範囲は、審判を通じて個別に決まりますが、いずれにしてもこの制度は、本人に残されている能力を最大限に活かして、本人の意思を尊重しながら、不足している部分をサポートしていくことを本質に置いています。いわば、**ノーマライゼーション**という考え方に基づくものといえます。

後見人などには、配偶者や子どもなどの親族がなる場合もありますが、専門職（弁護士や司法書士など）が選任される割合が高いのが実状です。また、単身世帯の増加に伴い、後見人不足が社会問題となる中、市民を後見人として育成しようとする動きも見られます。

＊37 法定後見制度には、「後見」「保佐」「補助」の3つの類型がある。判断能力を欠く度合いが、後見→保佐→補助の順で軽くなり、類型に応じて、本人が単独でできる行為の範囲が異なる。

判断能力が低下したら、その人の残存能力を尊重しながら、ケアをしていく必要があるね。

もし家族が事故を起こしたら…

認知症になってしまった人が、事故などを起こしてしまった場合はどうでしょうか。やはり、被害者に対して、損害賠償などの責任を負わなければならないのでしょうか。

これに関し、民法712条および713条は、**責任無能力者**についての規定を置いています。①未成年者において、「自己の行為の責任を弁識するに足りる知能を備えていなかった者」、②「精神上の障害により自己の行為の責任を弁識する能力を欠く状態にある間に他人に損害を加えた者」は、賠償責任を負いません。一定の判断能力が備わっていないと、法的非難を負わせるのにふさわしくないからです。

では、被害者の救済はどのように図られるのでしょうか。民法714条[*38]は、責任無能力者に代わり、「責任無能力者を監督する法定の義務を負う者（**法定監督義務者**）」などが責任を負うことを規定しています。この条文は、家族団体の統率者としての家長は家族員の行為について責任を負うべきであるという古代社会の思想に、その沿革を求めることができます。それと、近代法における個人主義

*38 【民法714条】①前2条の規定により責任無能力者がその責任を負わない場合において、その責任無能力者を監督する法定の義務を負う者は、その責任無能力者が第三者に加えた損害を賠償する責任を負う。ただし、監督義務者がその義務を怠らなかったとき、又はその義務を怠らなくても損害が生ずべきであったときは、この限りでない。②監督義務者に代わって責任無能力者を監督する者も、前項の責任を負う。

的責任思想（自己責任の原則）とを調和させたものです。

　では、どのような人が法定監督義務者になるのでしょうか。認知症になってしまった家族が、何らかの事故を起こしたとき、その家族は、法定監督義務者として責任を負うのでしょうか。これに関する条文はありませんし、裁判所の解釈も定まっているわけではありません。法定監督義務者の範囲を広げれば、被害者の救済にはなりますが、家族に重たい責任がのしかかります。反対に、法定監督義務者の範囲を狭めれば、被害者は誰にも賠償請求できなくなるかもしれません。

超高齢化社会では、社会全体で安全網をどう構築するかの議論が大切だ。

さらに深掘り！　読書案内

二宮周平『家族と法—個人化と多様化の中で』（岩波新書、２００７年）

野辺陽子『養子縁組の社会学—〈日本人〉にとって〈血縁〉とはなにか』（新曜社、２０１８年）

池田麻里奈＝池田紀行『産めないけれど育てたい。—不妊からの特別養子縁組へ』（ＫＡＤＯＫＡＷＡ、２０２０年）

辻村みよ子『代理母問題を考える』（岩波ジュニア新書、２０１２年）

児玉聡『功利主義入門—はじめての倫理学』（ちくま新書、２０１２年）

川松亮ほか編著『日本の児童相談所—子ども家庭支援の現在・過去・未来』（明石書店、２０２２年）

井上景『行列のできる児童相談所—子ども虐待を人任せにしない社会と行動のために』（北大路書房、２０１９年）

井戸まさえ『無戸籍の日本人』（集英社文庫、２０１８年）

栗田路子ほか『夫婦別姓—家族と多様性の各国事情』（ちくま新書、２０２１年）

齋藤直子『結婚差別の社会学』（勁草書房、２０１７年）

野沢慎司＝菊地真理『ステップファミリー—子どもから見た離婚・再婚』（角川新書、２０２１年）

西牟田靖『わが子に会えない—離婚後に漂流する父親たち』（ＰＨＰ研究所、２０１７年）

児島明日美＝村山澄江『今日から成年後見人になりました〔第２版〕』（自由国民社、２０２１年）

中山二基子編著『マンガでわかる成年後見制度』（講談社、２０１８年）

第2章

オレって持ってる

——所有と法

プロローグ

この章では、**所有**と法の関係について考えてみたいと思います。私たちは、いろいろな物を所有しています。たとえば、読者のみなさんがこの本を書店で購入したのであれば、それによって、本書の所有権を有しているのです。

所有権は、富を意味します。自由な社会・経済の中で、自分の才能と努力により私的な富の蓄積を認めることを、資本主義は根幹としています。**所有権という概念が、資本主義を支えている**と言っても過言ではありません。

しかし、その行き先には、貧富の格差が待ち受けます。富める者はもっと富み、貧しい者はもっと貧しくなるというスパイラルがあるかもしれません。誰にどのような所有を認めることが、よりよい社会を形成することにつながるのでしょうか？　私たちは、それを考える必要があるのです。

1 所有権という権利

ブッシュマン、コーラの瓶を拾う

［民法206条］
所有者は、法令の制限内において、自由にその所有物の使用、収益及び処分をする権利を有する。

所有権とは、物を所有する権利です。右の条文が示すように、所有するというのは、**他人を排除して、自分が独占的に、その物を使用・収益・処分できること**を意味します。「これは、私の物だ！」と、周囲の人に言えるということです。また、自分の物を誰かに取られたら、「返してくれ！」と言えるということです。これだけ聞くと簡単なように感じます。ただ、いろいろ考えだすと、なかなか奥が深いのです。

そもそも、なぜ、所有権という概念が必要なのでしょうか。それは、**この世の中には私たちが欲しい物がつねに無尽蔵にはない**からです。「ミラクル・ワールドブッシュマン」[*39]という映画があります。日本では、1982年に公開されました。物語は、カラハリ砂漠の上空を飛んでいた飛行機のパイロットが投げ捨てたコーラの瓶が、ブッシュマン族の集落の近くに落下するところから始まります。ブッシュマンにとってその瓶は、いろいろなことに使える魔法の道具になりました。しかし、徐々に、1つしかない便利な道具をめぐって、集落の中でさまざまな争いが発生してしまいます。平和を愛するブッシュマンである主人公のカイ(ニカウ)は、その瓶を——。

映画のストーリーの展開とは別に、ここに所有権の本質を見ることができます。もし、人々の欲求をつねに満たすほど物が満ちあふれていて、その物を、タダでいつでも、すぐに手に入れることができるのであれば、私たちは、いちいち「これは私の物!」と意識する必要がありませんし、他人にそれを盗まれることもありません。高いお金を出して買うということもありません。希少価値があるからこそ、価格がつき、時には跳ね上がり、時には強奪されたりするのです。そこに、

*39 1980年公開の南アフリカ共和国映画(日本公開は1982年)。ジャミー・ユイス監督。アフリカ・カラハリ砂漠に居住する〝地球最古の人類〟ブッシュマン族の生活を描いた異色コメディ。とりわけ日本で記録的ヒットとなり、主演のニカウが83年に初来日。

所有権という権利の意義があります。

物に希少性があるからこそ、所有という概念が必要なんだ。

所有権の本質

ところで、読者のみなさんは、「ブッシュマン族が、部族全体で仲良く、節度を持って、瓶を使えばいいじゃないか」と思ったりしませんか?

現在の日本においても、そのような共同所有形態が認められないわけではありません。しかし、積極的に推奨されているわけでもありません。近代市民社会では、「他人を排除して、単独で、独占的に物を支配する」というシンプルな所有形態を基本としています。個人の権利が団体に埋没したり、多数の所有権が重なり合って権利関係が複雑になったりするような状態を望ましいものとは捉えていないのです。

もう1つ。「みんなが仲良く共用する」ということは、それほど簡単ではありません。1968年に、生物学者ギャレット・ハーディンが、「コモンズの悲劇（The Tragedy of the Commons）」という論文を発表しました。そこでは、牧草地に複数の農民が牛を放牧する例が挙げられています。そして、その牧草地が個々の私有地であれば牧草が枯渇しないように牛飼いは抑制して牛を飼うけれど、牧草地が誰でも使える共有地である場合には、その抑制が働かず、牛飼いはそこで多くの牛を飼い、結果として牧草が枯渇してしまうと説明されています。そこから、資源を誰でも利用できる共用の財産（コモンズ）としてしまうと、資源が過大利用されることになると主張しています（左ページの図参照）。

なるほど、このような考え方は、いろいろなことを説明できるように思います。たとえば、登山客が山にゴミをポイ捨てして環境が破壊されるとか、車のドライバーがみんなエンジンをかけっぱなしにして大気が汚れるとか、道の駅で長期間車中泊をして過剰利用することで施設が汚れるなど。こんな話を聞くと、私的所有の重要性が認識できませんか？

物を1人が単独で独占的に支配するというシンプルな所有が基本なんだ。

コモンズの悲劇

私有地

私有地では、資源（牧草）が枯渇しないように、牛の放牧頭数を抑制するなどして、牧草地の適正な管理に努める。

共有地

共有地では、より多くの牛を放牧することで、自分の利益（牧草の取り分）が大きくなる。

利用者それぞれが、自分の利益を最大化するため、共有地における牛の放牧頭数を増加させる。

荒れ地

過剰摂取により、資源（牧草）が枯渇する。

個人の利益を追求しすぎた結果、全体に不利益をもたらす。

日本国憲法って何？

さて、ここで、所有するという私的な権利と**日本国憲法**（**憲法**）の関係について触れておきましょう。

まず、読者のみなさんは、**憲法**という法の存在についてご存じですよね。**国民主権・基本的人権の尊重・平和主義**の３つを基本原理として、とくに、人の権利および自由を国家権力から不可侵のものとして保障することを中核としています。そして、憲法には、次のような条文があります。

〔憲法98条1項〕
この憲法は、国の最高法規であつて、その条規に反する法律、命令、詔勅及び国務に関するその他の行為の全部又は一部は、その効力を有しない。

この条文からも、憲法は、**日本における最高法規**[＊40]で、国の秩序において、もっとも強い効力を持っていることが分かります。これは、人の権利や自由が、あら

＊40　憲法の最高法規性と関連づけられるのが、憲法の「硬性性」である。つまり、憲法は通常の法律の手続きよりも丁寧な手続きによらなければ改正できないというものである。しかし、日本の憲法の場合、あまりにも厳密な手続きが必要であることを問題視する向きもある。諸外国が憲法改正を繰り返す中、日本は、日本国憲法が制定されてから現在に至るまで、改正回数は0回である。

ゆる国家権力によって侵害されないことを保障する条文を中心に構成されているからです。

ところで、憲法の第3章（10条～40条）の「国民の権利及び義務」の中に、さまざまな基本的人権のカタログが示されています。国民は、すべての基本的人権の享有を妨げられず、憲法が保障する基本的人権は、**侵すことのできない永久の権利**として国民に与えられています（憲法11条）[*41]。

まず、基本的人権の中核をなすのは、なんといっても**自由権**です。自由権は、「国家からの自由」といわれるものです。個人の自由な意思決定と活動を保障し、国家が個人に対して権力をもって介入することを認めないという性質の人権です。大きくは、精神的自由、経済的自由、人身の自由に分類することができます。

同時に、自由権の保障を実効性のあるものとするためには、**参政権**が必要です。参政権は、「国家への自由」といわれるものであり、具体的には、選挙権と被選挙権が中心となります。また、社会国家・福祉国家に発展する中で、**社会権**も基本的人権に含まれるものとなりました。社会権は、「国家による自由」といわれるものであり、失業・貧困・劣悪な労働条件などから社会的・経済的弱者を守るために保障されている人権です。人としての生活を営むことができるように、国

＊41【憲法11条】国民は、すべての基本的人権の享有を妨げられない。この憲法が国民に保障する基本的人権は、侵すことのできない永久の権利として、現在及び将来の国民に与へられる。

家に対して積極的な配慮を求めることができるものです。
このように、日本国憲法下では、自由権だけではなく、参政権や社会権も基本的人権のカタログの中に取り込まれているのです。

日本国憲法第3章には、さまざまな人権が規定されているよ。

COLUMN

「憲法」という法

日本国憲法は、大日本帝国憲法（明治憲法）に代わって、昭和21（1946）年11月3日に公布、翌年5月3日から施行されました。
日本国憲法は、憲法の根本原理を述べた「前文」のほか、11の章、合計103箇条から構成されています。各章の具体的内容は、①天皇、②戦争の放棄、③国民の権利及び義務、④国会、⑤内閣、⑥司法、⑦財政、⑧地方自治、⑨改正、⑩最高法規、⑪補則という構成になっています。

特徴を挙げればきりがありませんが、たとえば、天皇主権ではなく国民主権の原則に立っていること、天皇は象徴として位置づけられること、戦争の放棄、戦力および交戦権の否認を明示していること、不可侵で永久の権利として基本的人権を保障していること、三権分立のもとで、立法権は国会のみに与え、行政権は議院内閣制により内閣に行使させ、司法権の独立を確保していること、地方自治の強化を図っていること、憲法改正には厳格な手続を必要としていることなどです。

なお、その制定経緯には政治的な要因が複雑にからみ合っていることから、さまざまな議論がなされています。たとえば、そもそも憲法は、その国の国民の自由な意思に基づいて制定されなければならないところ、日本国憲法の場合、その自律性が果たされているのかという問題があります。また、日本国憲法は、形式的には明治憲法を引き継いで成立したものである一方、日本国憲法が国民主権の原則に基づいて制定したもの（いわゆる「民定憲法」）であることを宣言していることに関し、これをどのように説明するかといった問題もあります。最大の争点は、日本国憲法に、国民の自由な意思が働いているのかという点です。

憲法で守られている私たちの財産

さて、憲法29条を見てみると、基本的人権の1つとして、**財産権**が明記されています。

〔憲法29条1項〕
財産権は、これを侵してはならない。

個人が有している具体的な財産上の権利（財産権には、所有権以外にも、さまざまな権利が含まれます）を、憲法上の基本的人権の1つとして保障しているのです。たとえば、自分が所有している時計を、何の合理的根拠もなく誰かに奪われることはありません。

同時に、憲法29条1項は、個人の財産上の権利を直接的に保障するだけではなく、個人が財産を取得し保持する権利の前提となる制度一般（すなわち「私有財産制」という制度）を保障しているという側面があります。財産に対する私的な権利を認めるという法的な制度が認められないと、そもそも、所有権を含む財産権という概念自体が成り立たなくなってしまいます。ですから、財産権の前提となる私有財産制という制度も、この条項で保障していると考えられます。

財産の私的所有は、憲法上で認められた重要な人権だ。

「これは私の物！」に対する限界

財産権は、資本主義の根幹をなすものであり、私たちにとって必要不可欠な権利です。ですから、基本的人権のカタログの1つとして、憲法が保障しているのです。しかし、何の制約も存在しないというわけではありません。とくに、「公共」という面から制約が正当化される場合があります。

［憲法29条2項］
財産権の内容は、公共の福祉に適合するやうに、法律でこれを定める。

憲法29条2項は、財産権の内容が、**公共の福祉**の観点から、法律によって制約され得るものであるということが示されています。では、具体的に、どのような制約が認められるのでしょうか。

まず、他人の生命や財産を守るという観点からの規制があります。たとえば、消防法5条1項[*42]には、建造物などについて火災の予防上必要があると認められる場合、消防長または消防署長から、その物の改修・移転・除去など必要な措置を命じられることがあると規定されています。自分の所有する建物であっても、周囲の安全が脅かされないよう、一定の制約があるのです。

また、社会政策・経済政策上の観点からの規制も可能です。たとえば、借地借家法の例を挙げましょう。アパートの賃借人は、たとえ賃貸借期間が満了したとしても、賃貸人（いわゆる、大家さん）に、契約の継続（更新）を求めることができます。そして、借地借家法28条[*43]によると、大家さんは、「正当の事由があると認められる場合」でなければ、更新を拒絶することができないものとなっています。自分が所有する建物であっても、そして、アパートの賃貸借契約の契約期間はきちんと満了していたとしても、正当事由がないと、大家さんは賃借人に立ち退きを求めることができないのです。ここには、アパートの借主を保護する（借

＊42 【消防法5条】①消防長又は消防署長は、防火対象物の位置、構造、設備又は管理の状況について、火災の予防に危険であると認める場合、消火、避難その他の消防の活動に支障になると認める場合、火災が発生したならば人命に危険であると認める場合その他火災の予防上必要があると認める場合には、権原（けんげん）を有する関係者（特に緊急の必要があると認める場合においては、関係者及び工事の請負人又は現場管理者）に対し、当該防火対象物の改修、移転、除去、工事の停止又は中止その他の必要な措置をなすべきことを命ずることができる。（後略）

主の居住環境を確保する）という政策があります。

［憲法29条3項］
私有財産は、正当な補償の下に、これを公共のために用ひることができる。

さらに、憲法29条3項は、私有財産を**公共のために**用いることができるとしています。私有地であっても、学校、鉄道、道路、公園などといった公共のために用いるのであれば、国が強制的に収用したりすることもできるのです。なお、その際には**正当な補償**が必要ですが、どのようなことをすれば「正当な補償」をしたということになるのかについては、争いがあります。私は、国民一般の利益のために特定の人の財産権に制約が加えられている以上、その損失補償は、市場価格による完全な補償（ただし、生活補償は除く）がなされることを基本とすべきであると考えますが、その点は見解が分かれるところです。

自分の物＝どんな場合にも自由にできる、というわけではないんだね。

＊43【借地借家法28条】建物の賃貸人による第26条第1項の通知又は建物の賃貸借の解約の申入れは、建物の賃貸人及び賃借人（転借人を含む。以下この条において同じ。）が建物の使用を必要とする事情のほか、建物の賃貸借に関する従前の経過、建物の利用状況及び建物の現況並びに建物の賃貸人が建物の明渡しの条件として又は建物の明渡しと引換えに建物の賃借人に対して財産上の給付をする旨の申出をした場合におけるその申出を考慮して、正当の事由があると認められる場合でなければ、することができない。

2 物を買う

ユニクロで…

次に、所有権の取得についてお話ししましょう。私たちは物の所有権を、どのようにして手に入れるのでしょうか。

最も典型的な例として、**売買契約**を挙げることができます。売買契約とは、買主側から見れば、要は、お金を払って物を買うという約束のことです。売買契約は、私たちにとって、もっとも身近なものです。ユニクロで洋服を買ったり、三越で化粧品を買ったり、ファミリーマートでお弁当を買ったり、ロフトで文房具を買ったりします。私たちは日頃からいろいろな売買契約を締結しています。

100%の自給自足生活をするような場合でない限り、売買契約をしたことがないという人はいないと思います。

［民法555条］
売買は、当事者の一方がある財産権を相手方に移転することを約し、相手方がこれに対してその代金を支払うことを約することによって、その効力を生ずる。

売買契約が締結されると、売主と買主の間に、権利（債権）および義務（債務）の関係が生じます。売主は、商品を引き渡す義務（債務）と代金を支払ってもらえる権利（債権）を持ちます。反対に、買主は、商品を引き渡してもらう権利（債権）と代金を支払う義務（債務）を持ちます。ただし、日常的な売買契約は、一瞬で過ぎてしまいます。洋服屋さんに入って、服を選んで、レジに行ってお金を払って商品を受け取って、ハイおしまい。ですから、「契約を締結している（＝債権・債務関係が生じている）」という感覚は、ほとんどないかもしれません。でも、売買契約はなされているのです。

売買契約の対象となる物（商品）には、さまざまなものがあります。私たちは、通常、労働の対価としてお金をもらい、そのお金で、自由なタイミングで、好きなお店で、自由に商品を選んで、それを買うことができるのです。

ただし、まったく制約なく何でも買えるわけではありません。もちろん、人を買うこと（人身売買）は認められません。人は、売買の主体（売買をする存在）であって、客体（売買の対象物）にはなりません。また、違法なドラッグや、密輸品などの売買も、法律によって禁止されています。具体的な法律・条文がなくても、より一般的に、**公の秩序又は善良の風俗**に反する売買契約であると評価される場合には、その契約は無効となる可能性があります（民法90条）[*44]。

売買契約は、相続とならんで、私たちが所有権を取得するための重要な原因だ。

契約にとって大切なもの

では、どのようにして売買契約は成立するのでしょうか。そのためには、契約当事者の「意思」が合致することが必要です。別の言い方をすれば、**申込みと承諾があったときに、売買契約は成立します。**

＊44 【民法90条】公の秩序又は善良の風俗に反する法律行為は、無効とする。

取引実務では、額が少し大きな契約になると、契約書を作成する場合が少なくありません。しかし、とくに日本の場合、契約書がないからといって契約が成立しないわけではありません。契約書は、契約をしたという証拠を残すための証書にしかすぎません。反対に、契約書があるから必ず契約が成立したとなるわけでもありません。「この契約書には、ちゃんと、お前の署名があるじゃねえか！」と凄んでみても、それのみで契約の成立が保障されるわけではありません。大切なのは、**契約当事者の意思**がそこにあるのかどうかです。自由な意思で契約を締結するからこそ、私たちは、契約に拘束されるのです。

ところで、私たちが何か物を買うときに、事前に契約書が準備されていて、それを事業者（販売店）から提示されるということがありませんか？　たとえば、中古車販売店で車を購入するとき、販売店があらかじめ作成してあった契約書[*45]が提示され、それに署名・捺印をするという形で契約を締結します。通常、買主は、その契約内容に異議を述べることはありません（というよりも、できません）。販売店からすれば、多数の顧客と契約をする際に、その都度、いちいち契約内容をゼロから考えていかなければならないとすると、事務手続が煩雑となり、迅速な契約締結が果たされません。そこで、多数の顧客に同様の内容で契約を締結するこ

*45　契約書の裏側には、90ページのような特約事項が記載されている。

とを想定し、あらかじめ、契約書を整えておきます。これを**約款**（やっかん）といいます。

では、私たちは、その約款の内容（契約条項）をしっかり理解したうえで、契約を締結しているでしょうか？　おそらく、そのような人は少ないと思います。そうだとすると、そこには、意思がないことになりませんか？　なのに、なぜ、その内容の契約に拘束されるのでしょうか？　「そんな契約内容、知らなかった」と言えないのでしょうか？　じつは、これを正当化する説明は、なかなか難しいものがありますが、１つの有力な説明方法として、「買主が契約内容について熟知していなくても、契約締結について合意していることをもって、その契約内容で合意したものとみなす」という説明があります。つまり、契約締結の意思があれば、それによって、契約内容についても合

特　約　事　項

1）申込金の性格と充当
　申込金は、契約成立後は、売買代金等の一部に充当するものとします（申込金は手付ではありません）。

2）注文に応じられない場合
　販売者が注文書の注文に応じられないと判断した場合、販売者は注文を拒絶することができ、契約は不成立となります。この場合、注文時に渡された注文書および申込金はそのまま返還されるものとします。

3）申込の撤回
　注文者は、都合で申込を撤回し、販売者に損害を与えた場合には、通常生じる範囲のものに限り、販売者に損害を賠償するものとします（注文者の故意・過失に基づかない場合を除く）。

4）契約成立の時期
　この申込による契約の成立は、注文者が購入する自動車（以下車両という）について注文者の指定する者に使用名義人の登録がなされた日もしくは注文者の依頼によって車両の修理、改造、架装等をする場合（以下修理等の場合という）には、販売者がこれに着手した日、または車両の引渡しがなされた日のいずれか早い日をもって契約成立の日とします。

　なお、割賦販売、ローン提携販売または立替払付販売の場合は、これらの契約書に定められている日に契約が成立するものとします。

5）契約の解除
1 注文者に次の各号の一に該当する事由があるときは、販売者は催告をしなくても本契約を解除できるものとします。ただし、注文者が個人の場合（事業として又は事業のために契約の当事者となる場合を除く。）には、本条ア号記載の事由に基づく解除は、相当の期間を定めた催告のうえ行うものとします。
ア．期日までに自動車代金等の支払いがなかったとき。
イ．支払い停止、保全処分（信用に関しないものは除く。）、差押、または、破産、民事再生法に基づく再生手続き開始、特別清算開始などの申立があったとき。
ウ．暴力団等反社会的勢力（暴力団、暴力団員（暴力団員でなくなった時から 5 年を経過しない者を含む。）、暴力団準構成員、暴力団関係企業、総会屋等、社会運動を標榜するゴロ又は特殊知能暴力集団、その他これらに準ずる者）に該当し、又は反社会的勢力と以下の一に該当する関係を

行政書士等に書面（本体及びコピー）または電子媒体により提供すること。
オ．自動車損害賠償責任保険証明書又は、自動車損害賠償責任共済証明書に記載すべき事項を電磁的方法により登録情報処理機関に提出すること。
カ．運転免許証等により本人確認を行い古物営業法に基づく古物台帳に記載すること。
販売者の個人情報の取り扱いについては、次のホームページなどにより公表します。
URL　http://

7）契約書類・下取書類の引渡し
　契約書類・下取書類は、契約締結日までに販売者に引渡されるものとします。

8）車両の引渡し
　車両は、表記の引渡し期限内に（修理等のある場合には、その終了時に）引渡されるものとします。

9）付帯費用の負担
　注文者は、車両代金の他に、表記の付帯費用欄に記入された付帯費用を販売者に支払うものとします。

10）運輸支局への車両持込費用
　検査・登録のため運輸支局もしくは事務所へ車両の持込を行う場合、注文者は、検査・登録手続代行費用の他に、持込費用を負担するものとします。

11）遠隔地への納車費用
　車両の受渡し場所が離島または特に遠隔地の場合、注文者は、表記の納車費用の他に、そこまでの輸送に特別に要する費用を負担するものとします。

12）代金の支払方法
　車両代金および付帯費用の支払方法は表記のとおりとします。

13）自動車の下取と担保責任、再査定
　注文者は、表記の下取自動車（以下下取車という）を、車両の売買代金の一部の支払に代えて、販売者に譲渡します（以下，下取契約という。なお，注文者が購入する車両に関する売買契約と下取契約は別個の契約となります。）。注文者は、下取車について抵当権、賃借権、差押、租税滞納処分などの負担が一切ないことを保証し、万一、負担が生じた場合には自己の責任で処理するものとします。

　また、販売者に引渡すまでの間に下取車の状態に変化が生

JU（日本中古自動車販売協会連合会）のHPより一部転載

意していると擬制する[*46]のです。

売買契約の成立に重要なものは、「意思（の合致）」の存在だ。

「こんなはずでは…」と思ったときには

では、買主が、勘違いしたり、売主に騙されたり、脅されたりして契約を締結した場合はどうでしょう？

その場合には、正常な意思がありませんから、有効に契約を成立させるべきではありません。そこで、民法の規定によって、**錯誤・詐欺・強迫による意思表示をした場合には、事後的に契約の効力を否定することができる**ことになっています（民法95条、96条[*47]）。

また、業者の執拗な勧誘や杜撰な商品説明によって、消費者が不本意な契約を結ばされてしまうことも考えられます。とくに消費者は、事業者に比べて、情報力・交渉力に劣るため、保護される必要がある存在ともいえます。そこで、消費

*46　実際には異なるものを、法的には同一であるかのようにみなして、同一の法的効果を与えること。ほかに、失踪宣告を受けた者を死亡したとみなす（死亡擬制）などの例がある。

者が誤認・困惑したまま契約を締結したり、不要な物を大量に購入したりした場合には、**消費者契約法**という法律によって、消費者が救済される途（みち）が確保されています。

さらに、自分の意思で契約を締結したとしても、冷静に考えてみると、「やっぱり契約を締結すべきではなかった」と後悔する場合もあるかもしれません。原則的には、そのような失敗は自己責任の世界です。しかし、場合によっては、消費者が、つい契約を締結してしまっても仕方がないと同情的に考えられる場合もあります。

たとえば、突然、街角で声をかけられてエステ商品購入の勧誘を受け、そのまま営業所に連れていかれて、なんとなくその場の雰囲気で合計15万円ほどの化粧品購入のための契

ハガキによるクーリング・オフの例

※証拠保全のため、特定記録や簡易書留で発信するのが通常です。
（メール、電話、ファクスは避けたほうが賢明です）

○○県○○市○○△丁目△△-△△
株式会社○○○○
代表　○○　○○様

契約の解除通知

契約年月日	○○年○○月○○日
商品名	○○○○○○○○
契約金額	○○○○○円
販売会社	株式会社○○○○○
担当者	○○○○

上記の契約を解除します。契約金額○○○○○円を返金し、商品を引き取ってください。

○○年○○月○○日
○○県○○市○○▽丁目▽▽ー▽▽▽
氏名　○○　○○

約に合意してしまったものの、家に帰って契約締結を後悔するような場合はどうでしょうか。契約をキャンセルするチャンスを与えてあげてもよいのでは？　そこで、**特定商取引に関する法律**などにおいて、特定の商品や取引形態の場合、消費者側から、理由を問わず一方的に契約を解除することができるという制度が設けられています。これを、**クーリング・オフ**といいます（右ページの例参照）。

【クーリング・オフができる具体例および解除権行使期間】

訪問販売（キャッチセールス、アポイントメントセールスなど）：8日以内
電話勧誘販売：8日以内
特定継続的役務提供契約（エステ、語学教室など）：8日以内
連鎖販売取引（マルチ商法など）：20日以内
業務提供誘引販売取引（内職商法、モニター商法など）：20日以内

消費者には、不当な契約から救済される方法が特別に用意されているよ。

＊47 【民法95条】①意思表示は、次に掲げる錯誤に基づくものであって、その錯誤が法律行為の目的及び取引上の社会通念に照らして重要なものであるときは、取り消すことができる。
1　意思表示に対応する意思を欠く錯誤
2　表意者が法律行為の基礎とした事情についてのその認識が真実に反する錯誤（後略）
【民法96条】①詐欺又は強迫による意思表示は、取り消すことができる。②相手方に対する意思表示について第三者が詐欺を行った場合においては、相手方がその事実を知り、又は知ることができたときに限り、その意思表示を取り消すことができる。（後略）

詐欺的な商法による被害も深刻ですが、このような場合、「騙された！」と思ったらすぐに対処をすれば、救済される可能性もそれなりにあります。しかし宗教が関係すると、事態はより深刻です。

『星の子』[*48]という映画があります。芦田愛菜演じる主人公のちひろは、未熟児で生まれ、すぐに発疹がでてしまいます。それがなかなか消えなかったことを気に病んだ両親が、知り合いから「ひかりの星」という宗教団体を紹介してもらいます。そして、特別な水と呼ばれる「金星のめぐみ」のおかげでちひろの発疹が治ったと信じた両親は、その新興宗教にハマっていきます。その過程で、宗教の関連グッズを購入したり、多額の献金を教団にするようになり、ちひろの家は極度に困窮していくのです。

このような出来事は、映画の世界だけではなく、私たちの社会の中でもたくさんあることを、みなさんもご存じだと思います。では、このような宗教的な被害に対して、法はどのように向き合っているのでしょうか。２０２２年、ある事件をきっかけに、「**法人等による寄付の不当な勧誘の防止等に関する法律**」が異

＊48　２０２０年公開、大森立嗣監督。第１５７回芥川賞候補にもなった今村夏子の同名小説を映画化。新興宗教を盲信している両親と共に暮らす娘が、思春期になり、徐々に自分自身の家庭環境へ疑問を抱き、葛藤する姿を描く。

今村夏子『星の子』朝日新聞出版

例のスピートで制定されました。新興宗教などの団体から寄附の不当な勧誘などを受けた者の保護を図ることを目的とした法律です。

この法律では、法人などが**寄附を勧誘する際の禁止事項**が列挙されています。そしてその中の1つに、霊感など実証することが困難な特別な能力を用いて、個人またはその親族の不安をあおり、また、不安を抱いていることに乗じて、それを回避するためには寄附をすることが不可欠であることを告げてはならないことが明記されています（法人等による寄付の不当な勧誘の防止等に関する法律4条6号）[*49]。もしそのような行為を通じて寄附がなされた場合には、事後的にその寄附を取り消すことができるものとしています（法人等による寄付の不当な勧誘の防止等に関する法律8条1項）[*50]。

法律で定められた“不当な勧誘行為”の例

“不当な勧誘行為”とは…

- 帰るように求めても、退去せずに勧誘行為を続ける
- 帰りたいと求めても、退去を認めず勧誘行為を続ける
- 恋愛感情などを利用して、関係の継続を条件に勧誘行為を行う
- 霊感など特別な能力を用いて不安をあおり、勧誘行為を行う

*49 【法人等による寄付の不当な勧誘の防止等に関する法律4条】 法人等は、寄附の勧誘をするに際し、次に掲げる行為をして寄附の勧誘を受ける個人を困惑させてはならない。

1 当該法人等に対し、当該個人が、その住居又はその業務を行っている場所から退去すべき旨の意思を示したにもかかわらず、それらの場所から退去しないこと。

2 当該法人等が当該寄附の勧誘をしている場所から当該個人が退去する旨の意思を示したにもかかわらず、その場所から当該個人を退去させないこと。

5 当該個人が、社会生活上の経験が乏しいことから、当該寄附の勧誘を行う者に対して恋愛感情その他の好意の感情を抱

ただし、問題もあります。新興宗教にハマってしまった場合、当人はマインドコントロールを受けていますから、団体からどんなに搾取されても、当事者に被害者意識がない場合も少なくありません。一般的に見れば明らかに不当に高額で販売されているグッズを買い取っても、身を亡ぼすような多額の寄附をしても、それを「騙された！」と感じ、取り消すようなインセンティブは生じにくい構造になっているのです。

そこでこの法律では、「個人の扶養義務等に係る定期金債権の債権者」が、必要に応じて、その**寄附者の代わりに取消しをすること**を認めています（法人等による寄付の不当な勧誘の防止等に関する法律10条1項）。つまり、親や配偶者が新興宗教にハマって多額の寄附をしているような場合、その者に対して扶養請求権を持つ子や他方の配偶者が、その者の代わりに取消権を行使することができる道が確保されているのです。

とても根深い問題だからこそ、法律の内容もまだまだ十分とは言えない。今後、近い将来、再び改正することも予定されているよ。

き、かつ、当該勧誘を行う者も当該個人に対して同様の感情を抱いているものと誤信していることを知りながら、これに乗じ、当該寄附をしなければ当該勧誘を行う者との関係が破綻することになる旨を告げること。

6 当該個人に対し、霊感その他の合理的に実証することが困難な特別な能力による知見として、当該個人又はその親族の生命、身体、財産その他の重要な事項について、そのままでは現在生じ、若しくは将来生じ得る重大な不利益を回避することができないとの不安をあおり、又はそのような不安を抱いていることに乗じて、その重大な不利益を回避するためには、当該寄附をすることが必要不可欠である旨を告げること。

謝罪の王様？

買って手に入れた物が不良品であった場合についても、一言触れておきましょう。この場合、読者のみなさんであれば、どのように対処しますか。

「謝罪の王様」[*51]という映画があります。阿部サダヲ演じる東京謝罪センター所長・黒島譲が、セクハラ、謝罪会見、過去の過ちなど、あらゆる場面で謝罪のテクニックを駆使して謝罪をし、解決していくものです。

もし売買の目的物に欠陥があれば、売主は、謝罪をするかもしれませんね。謝罪を受けた買主も、「まあ、今回は仕方ないか……」と態度を軟化させるかもしれません。しかし、買主の損害が大きく、謝罪だけでは済まないケースもあるでしょう。また反対に、顧客が、あまりにも横柄な態度で売主に謝罪を強要すること（人前での土下座の強要など）が、社会問題になっています。つまり、謝罪は、心情的な面での紛争の鎮静化には一定の効果があっても、法的な意味での終局的な解決方法ではないのです。

引き渡された物が売買契約の内容に適合的でない場合、買主は売主に対し、①適合的な代わりの物の引渡しを求めたり、適合的になるように、その物を修繕せ

*50 【法人等による寄付の不当な勧誘の防止等に関する法律8条】①個人は、法人等が寄附の勧誘をするに際し、当該個人に対して第4条各号に掲げる行為をしたことにより困惑し、それによって寄附に係る契約の申込み若しくはその承諾の意思表示又は単独行為をする旨の意思表示（以下「寄附の意思表示」と総称する。）をしたときは、当該寄附の意思表示（中略）を取り消すことができる。（後略）

*51 2013年公開、水田伸生監督・宮藤官九郎脚本。「謝罪師」の男が土下座を武器に、あらゆるトラブルを丸く収めていくコメディ。

よと求めたりする（**追完請求**）、②追完が望めなければ、せめて代金を安くしろと求める（**代金減額請求**）、③適合的な物を引渡せなければ、契約関係の解消を求め、また、損害の賠償を求める（**契約解除・損害賠償請求**）、といった種々の権利を行使することができます（民法562〜564条[*52]）。

もちろん、買主側も、クレーマーのような行動は慎まなければなりません。しかし他方で、劣悪な商品を市場に放置しておくことも、買主の取る行動として、決して好ましくありません。国際的な消費者運動の機関である国際消費者機構（Consumers International）は、1982年に、消費者の責務として、①批判的意識、②自己主張と行動、③社会的関心、④環境への自覚、⑤連帯という5つの責務を提唱しています。「めんどくさいから」とか、「トラブルに巻き込まれたくないから」と安易に考えるのではなく、市民みんなで良好な市場を形成していることへの適度な自覚が必要です。

良質な市場を形成するために、私たちが権利を主張することも大切だね。

*52 【民法562条】①引き渡された目的物が種類、品質又は数量に関して契約の内容に適合しないものであるときは、買主は、売主に対し、目的物の修補、代替物の引渡し又は不足分の引渡しによる履行の追完を請求することができる。（後略）

【民法563条】①前条第1項本文に規定する場合において、買主が相当の期間を定めて履行の追完の催告をし、その期間内に履行の追完がないときは、買主は、その不適合の程度に応じて代金の減額を請求することができる。

②前項の規定にかかわらず、次に掲げる場合には、買主は、同項の催告をすることなく、直ちに代金の減額を請求することができる。

1　履行の追完が不能であるとき。

3 相続する

死亡と財産の承継

所有権が承継される場面として、もう1つ、**相続**に触れておきましょう。相続とは、死亡した人（被相続人）の所有していた財産を、相続人（相続する人）がすべてひっくるめて承継することです。人生の一部に「死」がある以上、相続は、誰でも経験するものです。

そもそも、明治時代は、家制度を基本とし、家督相続（戸主の有した権利・義務の承継）があったため、相続も「家族」の法としての色彩が強かったのです。しかし、家制度・家督相続が廃止となって、相続が個人財産の承継（遺産相続）にすぎなくなった現在においては、相続制度は、誰もが直面する可能性がある所有権取得の原因の1つとして位置づけられます。次男や三男であっても、女性であっても、結婚していてもいなくても、年配者であっても生まれたての赤ちゃんであっ

2　売主が履行の追完を拒絶する意思を明確に表示したとき。
3　契約の性質又は当事者の意思表示により、特定の日時又は一定の期間内に履行をしなければ契約をした目的を達することができない場合において、売主が履行の追完をしないでその時期を経過したとき。
4　前3号に掲げる場合のほか、買主が前項の催告をしても履行の追完を受ける見込みがないことが明らかであるとき。（後略）

【民法564条】前2条の規定は、第415条の規定による損害賠償の請求並びに第541条及び第542条の規定による解除権の行使を妨げない。

ても、相続人になる可能性があります。

ところで、なぜ相続というものがなされるのでしょうか。一般的には、血縁関係があること、相続人と被相続人が縦の共同関係を形成していること、家族の生活保障、築き上げてきた財産を清算する必要があること、被相続人の死亡という偶然の事情によって社会生産関係に直接的な影響を与えないようにする必要があること、などが挙げられています。

相続についても、民法に基本的な規定があります。とくに第5編（882条～1050条）が相続の編になっています。

相続は、売買契約とならぶ財産の取得原因だ。

ロクな財産がなくても…

相続は、戦前には、家督相続というものが認められていて、戸主が隠居をすれば、生前であっても家督相続が開始されることとなっていましたが、家督相続を廃止した現在では、**人の死亡が相続開始原因**となっています。

そして、相続は、被相続人に属していた一切の権利義務を包括的に承継すること（包括承継）を原則としています。相続が開始すると、被相続人が所有していた不動産や動産、地上権・質権・抵当権などの物権、預金債権や売掛代金債権などの債権、著作権や特許権のような知的財産権などさまざまな積極財産（正の財産）や、貸金債務や損害賠償債務などの消極財産（負の財産）、さらには、賃借人の地位などの財産上の法律関係・法的地位も含めて、**包括的に承継される**のです。「包括的に承継される」ということは、特定の財産だけ相続したり特定の財産を相続から排除したりすることは原則としてできないことを意味します。

〔民法896条本文〕
相続人は、相続開始の時から、被相続人の財産に属した一切の権利義務を承継する。（後略）

ですから、相続は、お金持ちの人のためだけの制度ではないのです。「親父は、ロクな財産を遺していないから、ウチは相続、関係ない」なんて考えないでくださいね。放っておけば、しっかりと負の財産を相続することになります。

ただし、相続は相続人の意思に反してまでこれを強制させられるべきではありません。遺族に相続を強制することは、相続人に酷な結果をもたらすこともあるからです。このような場合にはむしろ、遺族に「相続人にならない自由」を認めなければなりません。

そこで法は、相続の効果は被相続人の死亡によって一応発生し、被相続人の財産は包括的に相続人に承継されるという考え方を採用しながら、他方で、相続人は、一定期間内に相続の効果を受けるかどうかを自分の意思で決定することができるものとしています。[*53]

相続は包括承認だよ。相続人になりたくなければ、相続放棄をしよう。

後妻業と笑う相続人

では、誰が相続人になれるのでしょうか？　民法の規定（法定相続）によれば、

＊53　具体的には、そもそも相続人にならないという選択をする「相続放棄」に加え、相続によって得た財産の限度においてのみ被相続人の債務などを弁済することを留保して相続を承認する「限定承認」がある。

およそ、次のようなルールとなっています。

まず、**「配偶者」はつねに相続人となる**ことができます。すなわち、夫が死亡すれば妻が、妻が死亡すれば夫がそれぞれ相続人となります。ちなみに、法律上の夫婦ではない、いわゆる内縁関係の場合、相続人にはなれません。法は、実態ではなく形式を重視して、法律上の夫婦を保護しています。

『後妻業（ごさいぎょう）』*54という小説には、結婚相談所に登録する資産家高齢男性をカモにする女性が登場しますが、法的には、れっきとした相続人です。そしてそれは、フィクションだけの世界ではありません。『全告白 後妻業の女―「近畿連続青酸死事件」筧千佐子が語ったこと―』*55は、実際にあった相続財産目当ての殺人事件の犯人に迫っています。

次に、配偶者以外に、血族関係者がいる場合はどうでしょうか。それらの者は、配偶者と共同して相続することになります。ただし、血族相続人には順位があります。第1順位の相続人がいればその者に相続する権利が発生し、他の者には発生しません。第1順位の者がいない場合に第2順位の者に、第2順位の者がいない場合に第3順位の者に相続する権利が発生します。

第1順位の相続人は、「子」です。子は、被相続人である親と法律上の親子関

*54 高齢の資産家男性を狙う女をリアルに描いた犯罪小説。「後妻業の女」として、大竹しのぶと豊川悦司を主演に映画化（2016年）。そのほか、2019年にはドラマ化。

黒川博行『後妻業』文藝春秋

*55 拘置所での面会など、徹底した取材を通して事件に迫る。

小野一光『全告白 後妻業の女―「近畿連続青酸死事件」筧千佐子が語ったこと―』小学館

係があれば、男・女、実子・養子を問いません。お世話になった息子のお嫁さんや、かわいくて仕方ない孫を養子にして、相続人とする場合もあるのです。**第2順位の相続人は、「直系尊属」**です。すなわち、父母、祖父母、曾祖父母などです。直系尊属同士の間では、その親等の近い順（曾祖父母よりも祖父母、祖父母よりも父母）となります。そして、**第3順位の相続人は、「兄弟姉妹」**です。

お分かりのとおり、順位が下がるほど、一般的に言えば、被相続人との関係が薄くなってきます。場合によっては、ある人が死亡したら、50年以上も仲たがいしていて音信不通であった兄弟がひょっこり現れて、いきなり相続を主張するなんてこともあります。それでも相続人は相続人です。「後妻業」もそう

法定相続人と法定相続分

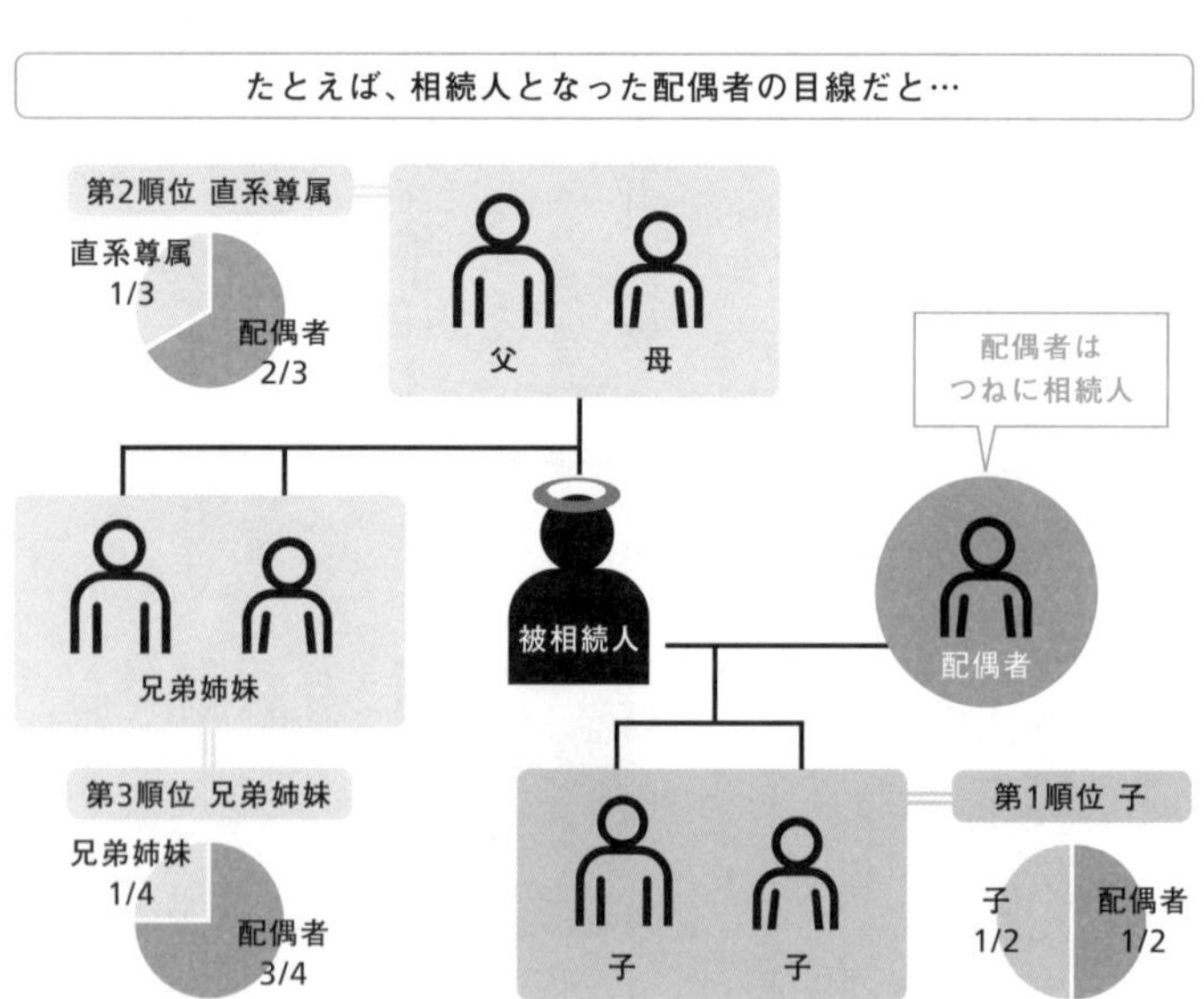

ですが、人の死によって棚ぼた的な財産を取得する、いわゆる「笑う相続人」という存在も少なからずいるのです。

法定相続人の範囲は、被相続人が生まれてから死亡するまでの連続した戸籍謄本を集めて確認するよ。

争族？

相続人が1人ということもありますが、相続人が複数人いると、**共同相続**という形になります。では、共同相続人の間で、どのような割合で相続するのでしょうか？

日本では、まず、被相続人が「遺言」によって、共同相続人の相続分を指定したり、この指定を第三者に委ねたりすることができます（**相続分の指定**）。たとえば、「私の財産は、全部、長女に相続させる。長男と次男には、何も遺さない」なんていう趣旨の遺言をするのも、できなくはありません。[*56] 相続分の指定がない場合

*56 ただし、一定の相続人には、遺言によっても奪うことのできない遺産の一定割合の留保分がある。これを「遺留分」という。遺留分に反する遺言も無効ではないが、遺留分を侵害された相続人は、侵害額に相当する金銭の支払いを求めることができる。

に、はじめて、民法の定めによる相続分（**法定相続分**。104ページの図参照）による相続になります。

ところで、共同相続の場合、相続の開始とともに各相続財産は共同相続人の相続分に応じて共同所有となりますが、この共同所有関係を解消して、各相続人の具体的事情に即して個々の相続財産を再分配することができます。これを**遺産分割**といいます。

遺産分割は、遺産に属する物または権利の種類および性質、各相続人の年齢、職業、心身の状態および生活の状況その他一切の事情を考慮して行われます（民法906条）[*57]。遺産分割をめぐる争いは、大変多く存在します。今まで仲が良かった家族が、突然、遺産をめぐって争うことになる場合も少なくありません。

家庭裁判所への相続関係の相談件数

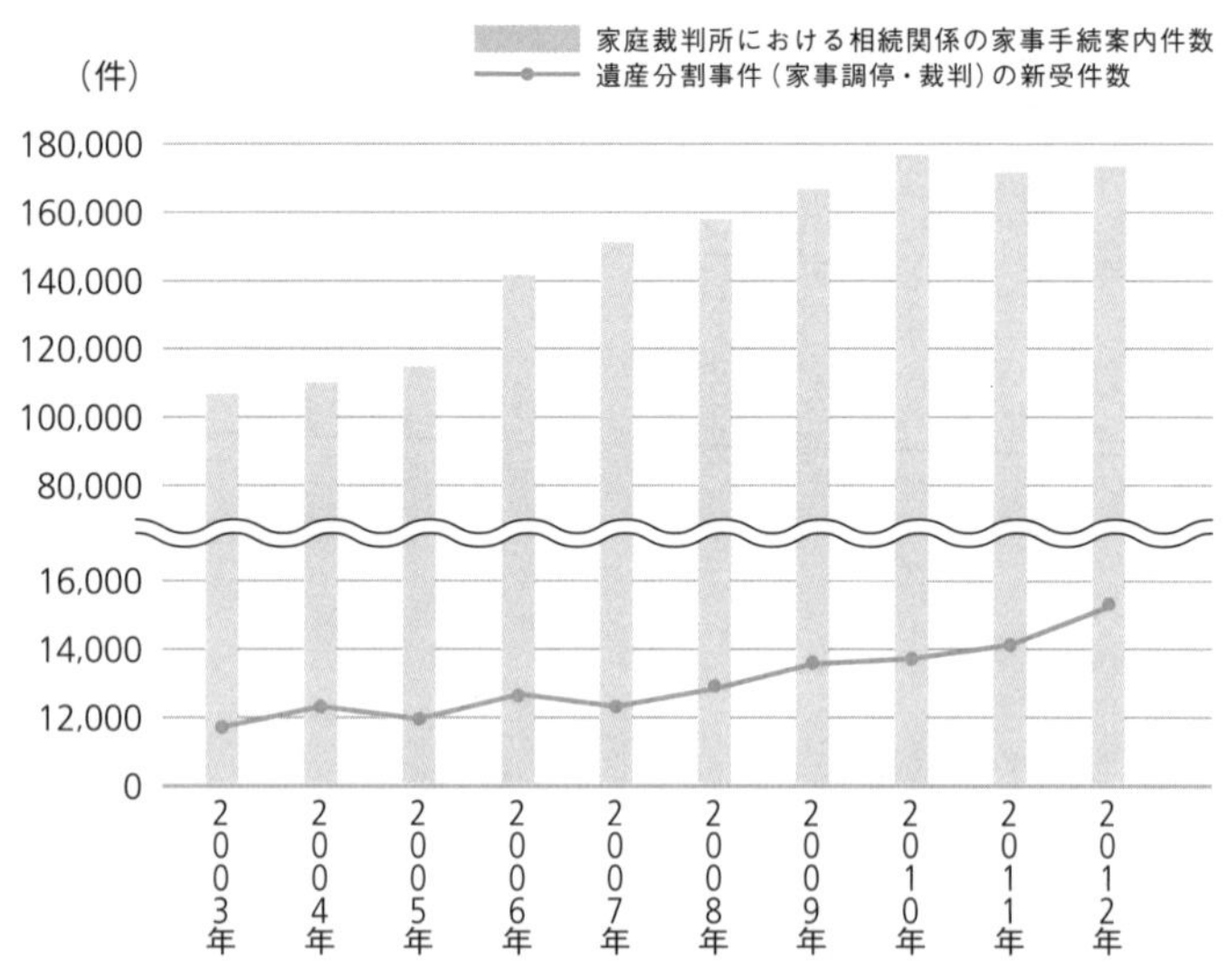

裁判所「司法統計年報」を基に作成

遺産分割は、なかなか決着がつかない場合もあり、「20年戦争」といわれるよ。

遺言は確実に

人は、生前に、**遺言**をすることが認められています。私たちは、生きている間にいろいろな意思決定を行って生活していますが、**遺言はその人の最後の意思決定**です。自分の死後の財産関係について考えるところがあるのだとすれば、やはり最大限それを尊重しなければならないのは、私的自治の原則[*58]からの帰結です。どの相続人に、どれくらい相続させるかを遺言として遺しておけば、死後の相続争いが、それほど大きなものにならない可能性もあります。

自筆の遺言（**自筆証書遺言**）を作成することも可能ですが、厳格な要件を要求されているので有効な遺言を遺せるかという問題に加え、遺言書の紛失、相続人による遺言の破棄・改ざんなどの恐れがあります[*59]。相続人が内容を見て、「あいつが無理やり書かせたんじゃないか」とか、「父は少し認知症の症状があった」

*57 【民法906条】遺産の分割は、遺産に属する物又は権利の種類及び性質、各相続人の年齢、職業、心身の状態及び生活の状況その他一切の事情を考慮してこれをする。

*58 市民相互間の私的な権利・義務関係においては、個人の自由に任せるべきであり、国家がこれに干渉してはならないという原則。「遺言自由」のほかに、「契約自由」「団体設立の自由」なども含まれる。

*59 ただし2020年7月より、自筆証書遺言を法務局において保管する制度が創設された。この制度を利用した場合、遺言書の紛失や破棄・改ざんなどの危険を防止することができる。

などと、遺言の有効性をめぐって争いになる場合も少なくありません。その点、相応の費用がかかりますが、公証役場を活用して作成する遺言（公正証書遺言）であれば、それらのデメリットがほとんど解消されます。

遺言に関して、NPO法人遺言・相続リーガルネットワークが作成したショートムービー「ラスト・メッセージ～家族に残す最期の言葉～」があります。死期が迫った男性と家族の姿を描きつつ、遺言書の作成方法を紹介しています。

なお、遺言の内容は、基本的に自由です。相続人以外の者に財産を贈与することを内容とする遺言でも構いません。ただし、遺族の生活保障などの観点から、一定の限界があります。

遺言は、人間最後の意思表示だ。遺族でモメないような遺言を準備したいね。

4 原始的な取得

物を拾うということ

ここまで、所有権の取得原因の中心としての「売買契約」と「相続」を説明してきました。しかし、所有権の取得原因はそれだけではありません。**時には、物を拾うことによって、所有権を取得するということもあります。**具体的にお話ししましょう。民法に、こんな規定があります。

［民法239条1項］
所有者のない動産[*60]は、所有の意思をもって占有することによって、その所有権を取得する。

これを**無主物先占**（むしゅぶつせんせん）といいます。誰の所有物でもない物は、拾って、所有の意思

＊60　動産は、「不動産以外の物」と定義される（民法86条2項）。そして、不動産とは、「土地及びその定着物」のことを指す（同法1項）。すなわち、土地とその土地に定着している物（建物も含む）以外はすべて動産となる。机、パソコン、宝石、本などさまざまな物が動産に属する。

をもって物を所持し始めた人に所有権が帰属するというルールです（ただし、動産に限定されることには注意してください。無主の不動産は、国庫に帰属します）。たとえば、散歩中に見つけた昆虫を採集した場合、一般的には、採集した人がその所有権を取得できるのです。

売買契約や相続は、前に所有権を持っていた人から権利が承継される形で、新たに所有権を取得する人が現れるという類型ですが、無主物先占のような取得は、みずからが「原始的」に所有権を取得する類型といえます。これを**原始取得**といいます。

ちなみに、落とし物は無主物ではありません。落とし物は**遺失物**です。ですから、落とし物を拾っても、直ちに所有権を取得するのではなく、**遺失物法**に従った手続が必要です

1億円拾得事件を機に、4月25日は「拾得物の日」となった。　写真提供：朝日新聞社

（民法240条）[*61]。1980年4月25日に発生した、1億円拾得事件をご存じですか？　あるトラックの運転手が、道路脇に風呂敷に包まれていた1億円を拾って警察に届け出たのですが、6カ月間（注：現行法では3カ月間）落とし主が現れなかったため、遺失物法に基づき、その所有権を取得したという事件です。

拾った人に所有権が与えられるんだね。

*61【民法240条】遺失物は、遺失物法の定めるところに従い公告をした後3箇月以内にその所有者が判明しないときは、これを拾得した者がその所有権を取得する。（後略）

働いていないのに…

さて、このような説明を聞いて、「あれ？　なんで、物を拾っただけで、所有権を取得できるの？」と、少し納得いかない読者もいるかもしれません。財産は、自分の才能と努力で手に入れるもの。働いた対価として手に入れるもの。そのように考える人からすると、物を拾うだけで、それを自分の財産にできるというのは、少し虫がいい話のような気がしませんか？

ここには、一定の価値観が横たわっています。すなわち、**法が「占有（＝物を**

所持すること)」に、一定の価値を見いだしているのです。誰の物でもなかったり、また、誰の物なのか分からないまま放っておかれたりすると、限りある資源を社会的に有効活用することができません。この点、占有者は、興味を示してその物にアプローチしているのですから、それを効率的に利用する可能性が高いように考えられます。ですから、占有者が、それを自分の物として使いたいなぁと思っているのだとすれば、その者に所有権を与えても、それほど悪いルールとはいえません。

> 「所有している」ことと「占有している」ことは、別の概念だ。

継続は力なり!

同じ発想で、所有権の**取得時効**（しゅとくじこう）という制度を説明することができます。所有権の取得時効とは、他人の物であっても、所有の意思をもって、一定期間、継続的にそれを占有すると、占有している者が所有権を取得するという制度です（民法

162条)[*62]。

たとえば、Aさん所有の土地をBさんが所有の意思をもってずっと占有しつづけていると、やがて、Bさんはその占有地の所有権を主張できるようになります。しかも、Bさんが、それが自分の土地ではない（Aさんの所有地である）と知っている（これを法律用語で「悪意」といいます）場合であっても、占有を継続すれば取得時効は成立するのです。

自分の物ではないことを分かっていながら、占有を継続していれば所有権が手に入る。なぜ、そのような制度が認められるのでしょうか？　先ほどの説明と同様です。Bさんは、継続的にその土地を有効活用していますし、場合によっては、Cさんに貸すなどして、新たな法律関係がすでに生まれているかもしれません。ですから、**その状態を尊重することが、社会的に有益です**し、また、いたずらな紛争を防げることにもつながります。他方、Aさんは、自分の土地がBさんに占有されているのに、**何も文句を言わなかった以上、所有権が奪われても仕方ない**とも考えられます。

ちなみに、取得時効は、お隣さんとの境界トラブルなどにも頻繁に登場します。お隣さんが境界線をはみ出して土地を占有していたけれど、そのまま放置して時

*62 【民法162条】①20年間、所有の意思をもって、平穏に、かつ、公然と他人の物を占有した者は、その所有権を取得する。②10年間、所有の意思をもって、平穏に、かつ、公然と他人の物を占有した者は、その占有の開始の時に、善意であり、かつ、過失がなかったときは、その所有権を取得する。

間が経過すると、いつの間にか、そのお隣さんに占有部分の所有権が生じ、自分の所有権は消えてしまう——なんてこともあるのです。取得時効を成立させないためには、「これは私の物だ！」と、占有をしている人にしっかりと主張することが大切です。

法律の世界の格言に、「権利の上に眠れる者は保護に値しない」というのがあるよ。

5 物を捨てる

遺骨を捨てる

さて、所有権を手に入れるという話題を終えて、今度は反対に、「所有権を手放す」という場面について考えてみたいと思います。

まず、一般的感覚として、私たちは、いらなくなった所有物を自由に捨てることができますよね。実際に、毎日のように、自宅近くに定められたごみ収集所に、家庭のごみを捨てているでしょうし、職場でも頻繁に、大量のごみが発生しているかもしれません。所有権の中に「処分」の自由も含まれていますから、物を捨てる自由も確保されているのです。

しかし、少し問題となる場面もあります。最近、遺骨をサービスエリアのごみ箱に捨てたり、コインロッカーに放置してしまったりする人が増えていることです。遺骨を自宅に保管することは法的に問題となりませんが、墓を入手することができないまま時間が経過したり、「墓じまい」をした後に大量の先祖の遺骨を抱え込むなどした人が、保管に困って、遺骨を置き去りにしてしまうようです。これに関し、刑法には、**死体損壊等の罪**に関する条文があります。

［刑法190条］
死体、遺骨、遺髪又は棺に納めてある物を損壊し、遺棄し、又は領得した者は、3年以下の懲役に処する。

この条文は、国民の宗教的感情や死体に対する敬虔・尊崇の感情を保護するために定められたものと考えられています。私たちには、遺骨をごみのように捨ててしまう自由は与えられていないのです。散骨などが（節度をもったうえで行われる限り）処罰の対象となっていないのとは、次元が異なる問題です。

しかしそれでも、遺骨の置き去りは後を絶たないようです。引き取り手のない遺骨は、警察を通じて自治体に送られ、無縁納骨堂に保管される場合もありますが、その納骨堂も、現在、いっぱいになってしまっているのだとか……。その場合は、処理業者に委託して、処分に踏み切っているところもあるようです。そこで、遺骨を処理するサービスを積極的に展開する業者もいるようです。

日本人の死亡観が、急激に変わっているような気もするね。

余る時代へ

所有物を放置する別の例として、少子高齢化・過疎化を背景とした、「空地・空き家問題」があります。最近、とくに大きな問題となっています。すなわち、使用・管理がなされずに放置されている状態が長期間継続している土地や建物が増えているのです。[*63] 2030年を過ぎる頃には、全住宅の3分の1程度が空き家になるという民間予想すらあるようです。日本の社会・経済が全体的に、「拡大の時代」から「維持・縮小の時代」へ突入する中、**足りない物を取り合っていた状態から、余った物を放置する状態へ移行しているように**感じます。

ところで、そもそも所有権を有しているのだとすれば、所有者には、それを放置する自由もあるのではないでしょうか？「使おうが使わなかろうが、勝手で

＊63 総務省の「平成30年度住宅・土地統計調査」によると、全国の空き家は848万9千戸、空き家率は13・6％。約7件に1件は空き家という計算に（191ページの図参照）。

しょ！」とは言えないのでしょうか？　たしかに、所有者には、「自由に使用する権利」が与えられているのですから、「使用しない自由」も与えられているはずです。買ったネクタイが気に入らないので、ずっと押し入れにしまったまま放置しても、誰からも文句を言われることはありません。

しかし､放置の対象が土地や建物となると、少し事情が異なってきます。空地や空き家がそのまま放置されると、治安が悪化します。心霊スポットになったり、犯罪の現場として使われたり、火災の原因になったりします。手入れがなされず草が生え放題になった庭から、大量の虫が発生するかもしれません。建物の老朽化や土地の未管理に起因する事故発生の恐れなどもあります。しかも､不動産は、

放置された廃屋。　写真提供：ピクスタ Rise / PIXTA

動かすことができないのです。ですから、たとえそれが自分の所有物であって、自由に使用する（使用しない）ことができるとしても、それによって周囲に少なくない影響を与えているかもしれません。周囲の住民が住みにくく感じたり、そのために引っ越しをする住民が増えて地域が寂（さび）れたり、地価が下がったりするかもしれません。不動産は、周辺の住民全員でコミュニティーを形成しているという特性を持っています。**一種の公益性を有している財産**ということもできます。

空地・空き家へ突入！

これに関し、**空家等対策の推進に関する特別措置法**という法律があります。それによれば、空き家の適正管理をしない所有者に対して、市区町村が、助言・指導・勧告といった行政指導、そして勧告しても状況が改善されなかった場合は命令（行政指導よりも重い、行政処分です。命令に従わなければ、50万円以下の罰金が科されます）を出すことができるものとされています。

また、この法律には、**行政代執行**という制度もあります。行政代執行とは、行政が所有者に何度も改善を要求しているにもかかわらず、所有者がそれに対応しない場合、**行政が強制的に敷地に立ち入り、所有者に代わり、必要な対策を取る**というものです。放置されているごみを撤去したり、倒壊の危険がある家屋を解体したりします。

所有権は、もちろん「権利」です。しかし私たちは、「権利」とは、同時に「責任」も伴うものであるという意識を持たなければならないかもしれません。

財産権と公共性という2つの利益が対立する具体的な場面だね。

その土地、誰のもの？

そしてさらに、日本全体を揺るがす厄介な

東京都板橋区が行った行政代執行の様子。　写真提供：板橋区

問題があります。いわゆる「**所有者不明土地**」問題です。現在、私有地であるのに所有者が誰だか分からない土地が、日本にたくさんあることを、読者のみなさんはご存じですか？ある調査によると、現在、所有者不明土地は全体で410万ヘクタールに上るそうです。これは、九州全土と同じくらいの大きさです。そして、このまま策を講じないと、近い将来、もっともっと広がってしまうそうです。

「そんなの放っておけばいいじゃないか」と思うかもしれません。しかし、たとえば、何か災害があったときのことを考えてみてください。地域を復興するために、自治体が被災地を買い取って、新たな街づくりをしようとしても、それが誰の土地であるか分からなかったらどうでしょう。実際に、東日本大震

所有者不明土地の面積拡大予想

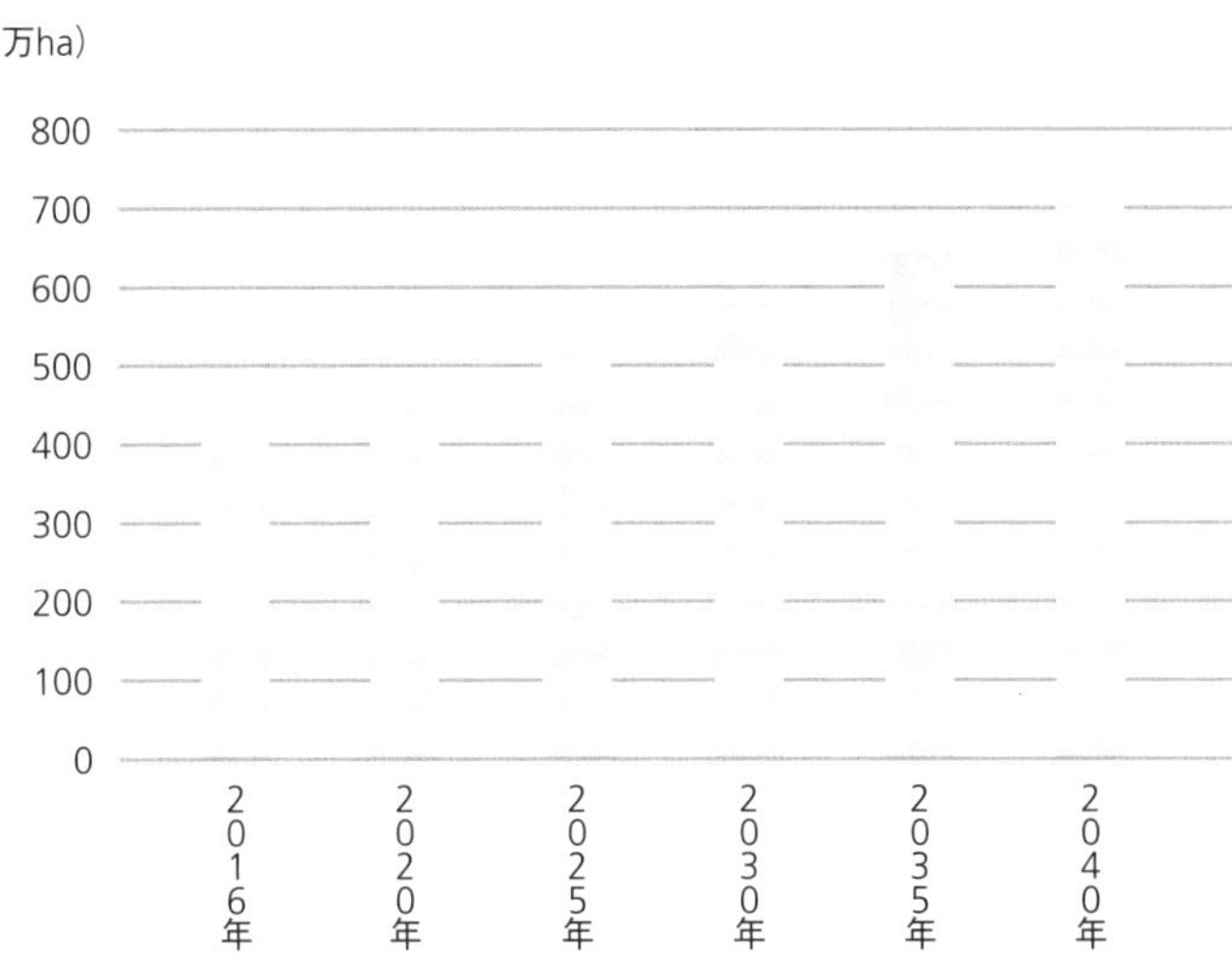

所有者不明土地問題研究会最終報告書（2017年）を基に作成

災の後、所有者不明土地が多数出てきて、高台移転などを含む復興の大きな障害になったといわれています。**土地が市場から追い出されてしまい、有効活用ができなくなってしまうのは、大きな社会的損失**です。

日本の不動産登記制度

では、なぜ、所有者不明土地が発生してしまうのでしょうか。一番大きな原因は、日本の不動産登記制度にあるといわれています（不動産登記に関しては192ページも参照）。

そもそも、現在の不動産登記制度の制定は、明治初期の地租改正事業まで遡ります。当時は、**誰に対していくら課税するのかを決定するための基礎情報**として活用されていました。しかし時間の経過とともに、**私有不動産の公示機能**をも果たすようになりました。つまり、登記を見れば、誰がこの不動産の所有者なのかなどが、世間から見て分かるような仕組みとなっています。

しかし、とりわけ相続の際に、ちゃんと次世代への移転登記がなされないまま放置されてしまう例が後を絶ちません。相続の際に移転登記がなされない理由はさまざまです。相続人の間で遺産分割の話し合いがうまくいかず、協議が長期化する場合もありますし、また、都心で暮らしている相続人にとって、田舎の土地を相続しても、所有権を取得した意識が希薄なのかもしれません。

それに加え、今までの日本の制度では、**不動産の所有権移転登記をすることは、義務ではなく権利にすぎませんでした。**ですから、不動産の市場価値が低ければ低いほど、移転登記のための費用（登録免許税や司法書士への委託手数料など）を考えると、相続人が移転登記をすることに対するモチベーションが湧きません。そのまま時間が経過してしまい、世代交代、また、世代交代となるうちに、最終的に、誰が現在の所有者なのか分からなくなってしまう（調べようと思っても、調べられなくなってしまう）という事態が発生するのです。

このような状況を政府も問題視しています。２０１８年、**所有者不明土地の利用の円滑化等に関する特別措置法**が制定されました。この法律の中には、所有者不明土地を対象として、一定の手続を経たうえで最長10年間、利用権を設定し、公益目的の施設（公園や文化施設など）に利用できる制度が盛り込まれており、土地の有効活用の１つとして期待されます。

また、２０２１年には、「民法等の一部を改正する法律」および「相続等により取得した土地所有権の国庫への帰属に関する法律」が制定されました。ここではまず、所有者不明土地が発生するのを防止するたび、不動産を取得した相続人に対して、その取得を知った時から3年以内に**相続登記の申請をすることを義務付ける**こととなりました（2024年4月1日施行）。今まで、移転登記は権利にしかすぎなかったわけですが、その発想を大きく転換したものといえます。また、相続登記の義務化の実効性が確保できるよう、登記手続の負担軽減、登録免許税の負担軽減、登記漏れ防止のための所有不動産記録証明制度などもパッケージで盛り込まれました。さらに、相続などによって土地の所有権を取得した者が、法務大臣の承認を受けて、**その土地の所有権を国庫に帰属させることができる制度**も新設されました（2023年4月27日施行）。今まで以上に、土地を手放しやすくして、有効活用を目指すものといえます。

社会全体のためにも、不動産の所有権移転登記は正確にされ続ける必要があるよ。

6 知的財産権

元子が得たもの

さて、少し変わった所有権について触れておきます。

「黒革の手帖」[*64]というテレビドラマがありました。原作は、松本清張の長編小説です。これまで何度もドラマ化されていますが、2017年版の主演は武井咲でした。武井さん演じる地味なOL・原口元子が、巨額の金銭を横領して、クラブのママに転身。銀座でのし上がっていきます。その時に、元子が武器にするのが、「手帖」です。ただし、手帖自体は、それほど価値があるものではありません（まぁ、革製品なので、そこそこするとは思いますが…笑）。むしろ価値があるのは、その手帖の中に書かれている情報。1冊目の手帖には、架空名義の口座の情報。2冊目の手帖には、脱税の情報。元子はその情報で、地位や名誉のある相手を強請り（ゆすり）、次々と多額の財産を手に入れていきます。そして3冊目に――。

＊64　原作は松本清張の長編小説で、週刊新潮に連載された（1978年から1980年）。巨額の金を横領して銀座のクラブのママに転身した女性銀行員を描くサスペンス。

松本清張『黒革の手帖』新潮文庫

情報というのは、厳密な意味で、「物」ではありませんので、所有権の対象にはなりません（物とは、固体・液体・気体を問いませんが、空間の一部を占めて独占可能な「有体物（ゆうたいぶつ）」を意味します。民法85条[*65]）。しかし、時として、誰もが手に入れたくなるようなとても価値の高い情報もあります。

情報も財産の一種だ。特ダネほど、高額で買ってもらえるね。

ペコちゃんは守られている

もちろん、この物語のように、情報を恐喝の道具にしてはいけませんが、一方で、社会的に有益な情報もたくさんあります。たとえば、難病に効く薬の開発に関する情報、みんなの心が癒される歌詞とメロディーを持つ曲に関する情報など。私たちの社会は、先人たちの数々の発見などに支えられて発展を遂げてきました。情報を共有することで、社会が日々進歩していくのです。他方、その価値ある情報に誰でもただ乗りすることができる（＝ただでマネされてしまう）のであれば、

＊65 【民法85条】この法律において、「物」とは、有体物をいう。

発見・創造する人のやる気が削がれてしまうことになります。

そこで、**知的財産権**（または、**知的所有権**）として法的に保護されています。知的財産権には、芸術的・学術的表現を保護する「著作権」、技術的な発明を保護する「特許権」、商品やサービスマークを保護する「商標権」などがあります（下の図参照）。

例を挙げると、２００１年から20年間、ロッテの「雪見だいふく」には特許権が存在しました。また、シヤチハタ社の「Ｘスタンパー」というハンコ（通称「シャチハタ」）は実用新案権を取得した例です（１９８４年に消滅）。さらに、ホンダのスーパーカブや、不二家のペコちゃんには、商標権があります。

このように知的財産が守られることによっ

知的財産権にはこんなものがある

知的財産権

- **著作権**
  - 文芸、芸術、美術、音楽、プログラムなど精神的作品を保護
  - 死後70年（法人は公表後70年、映画は公表後70年）
- **産業財産権**
  - **特許権**
    - 発明を保護
    - 出願から20年（一部25年に延長）
    - 身近な例（既に消滅した例も含む）
      - VOCALOID（ボーカロイド）（第4153220号）
      - きき湯（第4100964号）
  - **実用新案権**
    - 物品の形状などの考案を保護
    - 出願から10年
    - 身近な例（既に消滅した例も含む）
      - コインカウンター（第1966971号）
      - 押しつぶせるティッシュペーパー用箱（第1834033号）
  - **意匠権**
    - 物品の形状などの考案を保護
    - 出願から25年
    - 身近な例（既に消滅した例も含む）
      - AIT（第1279373号）…ICカード対応のコインロッカー
  - **商標権**
    - 商品・サービスに使用するマークを保護
    - 登録から10年（更新あり）
    - 身近な例（既に消滅した例も含む）
      - ヤクルトの容器（第5384525号）
      - 正露丸のメロディー（第5985746号）

商標権には立体的形状も登録されている！

ペコちゃん人形の商標登録（第4157614号）

知的財産権には、上記のほかに、回路配置利用権、育成者権、肖像権などがある。

特許庁HP「知的財産権について」を基に作成

て、創作者は安心して創作に取り組むことができ、ヒット商品が生まれるのです。

他人の知的財産権を勝手に使用してはならず、もし利用した場合には法的なペナルティ（差止請求、損害賠償、刑事罰など）があります。近年では、知的財産権をめぐる争いも増えていて、場合によっては、国境を跨いだ紛争となる場合もあります。日本にも、知的財産権を専門的に扱う特別の裁判所（知的財産高等裁判所）があります。

知的財産権が守られるからこそ、産業の発展があるんだ。

使ってナンボ

先ほど、知的財産権は、ただでマネされてしまうことを防ぐためにあるというような説明をしました。それは、間違いではありません。知的財産権を取得することによって、自分の発明を他人が勝手に利用することを排除し、模倣を防止する効果があります。しかし、せっかくのすばらしい技術を社会で広く使わないのはもったいないと思いませんか？　この点、知的財産権は、他人に使用させる可能性も認められています。

『陸王』[*66]という小説をご存じですか？　役所広司主演で、ドラマ化もされました（2017年）。倒産しかかった老舗の足袋屋「こはぜ屋」が、マラソン用の足袋の開発に取り組み、再生していく物語です。その中で、特許の問題が出てきます。こはぜ屋がマラソン足袋を開発する中で、とくに問題となったのが靴底（ソール）の耐久性でした。それを克服するために目を付けたのが、繭を加工した新素材としての「シルクレイ」。ただ、これは、飯山という男が特許を持っています。こはぜ屋の四代目・宮沢は、特許使用を願い出るのですが――。

まず、知的財産権を有していれば、**ライセンス契約**を結ぶことができます。簡単にいうと、自分の持っている知的財産権を使いたいという相手と、使用料や使用の内容・範囲などについて交渉したうえで、使用を許可するのです。

また、その知的財産権を出発点として、自分自身が、**他の会社と商品の共同開発をする**こともできます。目標を同じくする者同士が協力すれば、新たなビジネスを展開するきっかけにもなるのです。『陸王』でも、宮澤と飯山の間で、そんなやり取りがあります。

＊66　地方の零細企業が会社の存続をかけて勝負に挑む。

池井戸潤『陸王』集英社文庫

知的財産権は、一般的な所有権と異なり、他人のものを使ってナンボ、あるいは自分のものを使われてナンボかもしれません。

創作者の保護も、社会にとって有益な情報の共同利用も、どちらも大切な利益だ。

COLUMN

知的財産権は、私たちに幸せをもたらすか？

76ページで「コモンズの悲劇」について説明しましたが、それとは、反対の「アンチ・コモンズの悲劇」という主張もあります。

「コモンズの悲劇」は、資源を共有することによって過大利用がなされてしまうという問題点が指摘され、私的所有の重要性が再認識されました。これに対して、「アンチ・コモンズの悲劇」は、資源の私有化が進むことによって、その資源が過小利用となってしまい、社会に不利益をもたらすというものです。

たとえば、特許によって知的財産の私有化が進むと、その研究成果に基づく新たな研究が制限されてしまう可能性があります。共用されるべき財産が独占されてしまう結果、社会にとって有用な情報・技術の利用が妨げられるのです。ある会社が生み出した医療技術を利用して、ほかの会社が新たな医療技術を開発する。そして、それによって今まで助からなかった患者が助かるかもしれません。場合によって、国境を越えて、全世界で活用されるかもしれません。しかし、特許があることによって、技術の利用が独占的になってしまい、医療の進歩が妨げられたり、安価な医療が提供できなくなったりする恐れがあります。

決して、創作意欲を削ぐようなルールではいけません。しかし他方で、社会全体の技術革新の大きな足かせとなるようなルールでもいけません。「知的財産権を保護することによって、私たちに幸せがもたらされるのか?」という問いは、答える人の立場によって、肯定的にも否定的にも捉えられます。誰にどれくらいの私的な独占を認めるのかは、その狭間にある難しい問題です。

さらに深掘り！　読書案内

加藤雅信『「所有権」の誕生』（三省堂、２００１年）

エリック・A・ポズナー＝E・グレン・ワイル『ラディカル・マーケット脱・私有財産の世紀』（東洋経済新報社、２０１９年）

平川克美『共有地をつくる―わたしの「実践私有批判」』（ミシマ社、２０２２年）

正田彬『消費者の権利〔新版〕』（岩波新書、２０１０年）

佐伯理華ほか『マンガでわかる あなたを狙う消費者トラブル40例』（弘文堂、２０２２年）

紀藤正樹『決定版 マインド・コントロール』（アスコム、２０１７年）

児島明日美ほか『身近な人が亡くなった後の手続のすべて〔新訂版〕』（自由国民社、２０２０年）

神山敏夫『歴史から学ぶ 相続の考え方』（集英社新書、２０２２年）

吉原祥子『人口減少時代の土地問題―「所有者不明化」と相続、空き家、制度のゆくえ』（中公新書、２０１７年）

米山秀隆『捨てられる土地と家』（ウェッジ、２０１８年）

朝日新聞取材班『負動産時代―マイナス価格となる家と土地』（朝日新書、２０１９年）

北村喜宣『空き家問題解決を進める政策法務―実務課題を乗り越えるための法的論点とこれから』（第一法規、２０２２年）

稲穂健市『楽しく学べる「知財」入門』（講談社現代新書、２０１７年）

茶園成樹編著『知的財産法入門〔第3版〕』（有斐閣、２０２０年）

第3章

訴えてやる！

――事件・事故と法

プロローグ

本章のテーマは、**事件・事故**です。私たちの周りには、潜在的なリスクがたくさんあります。車に撥ね飛ばされたり、地震被害に遭ったり、いじめを受けたり、物を壊されたり、盗撮されたり、プライバシーを侵害されたり……。潜在的なリスクが事件・事故という形で顕在化するのです。「昨日は人の身、今日はわが身」という言葉があります。他人に降りかかった災難が、いつ自分にも降りかかるか分からないこと、人の運命は予測しがたいことのたとえです。私たちの周りにあるリスクが、いつ、どこで、誰に顕在化するか、なかなか予想することはできません。

ところで、事件・事故が、誰かの「犯罪」によるものである場合には、その犯罪者には一定の「刑罰」が科されることになります。では、**どのようなものが犯罪になるのでしょうか？　どのような刑罰が、何のために科されるのでしょう**

か？ また、事件・事故に伴って、誰かの命が奪われたり、莫大な治療費がかかったり、突然に財産を失ったり、精神的ショックを受けたりします。つまり、何らかの「損害」が発生します。では、**その損害は、誰が負担するのでしょうか？** 加害者でしょうか？ 被害者自身でしょうか？ それとも、社会全体で負担するのでしょうか？ この章では、事件・事故と法のつながりについて、多角的に考えてみたいと思います。

なお、読者のみなさんは、「事件」という言葉と「事故」という言葉をどのように使い分けますか？ じつは、この2つの言葉は、多義的に使われていて、結構、厄介です。たとえば、「事故」も包括する広い言葉として「事件」という言葉が使われる場合があります。また、「事件」は故意で起こされたもの、「事故」は過失によって起こってしまったものとして区別する場合もあります。さらに、「事件」は犯罪の疑いがある事実、「事故」は犯罪の疑いのない事実の意味で使う場合もあります。しかし、いずれにしても、リスクが顕在化している状態という意味において、共通しているように思います。この章では、2つの言葉をあまり明確には区別しないで使っていこうと思います。

1 刑事事件に関するいくつかの知識

逮捕！ その後…

事件といっても、法的に見た場合、「刑事事件」と「民事事件」では大きく異なります。映画やテレビでよく出てくる刑事事件。ニュースでもよく取り上げられる刑事事件。ですから、多くの人にとって、刑事事件はそんなに身近ではないはずなのだけれど、なんとなく身近に感じてしまいます。では、刑事事件が、法的にどのように処理されていくのでしょうか。簡単にまとめておきましょう。

まず、刑事事件は、犯罪被害者や一般市民から告訴・告発がなされたり、警察官の職務質問によって犯罪の嫌疑が生じたりすることが端緒となります。その後、警察官が主体となって、罪を犯したことが疑われている人（被疑者）に対して、**捜査**が行われます。

そして、捜査によって十分な証拠が集まって、刑事裁判をする必要があると検察官が判断した場合、「起訴」されることになります。起訴するかどうかは、検察官の判断に任されています（専門的には、これを**起訴便宜主義**といいます）。数だけ見ると、検察官の判断で不起訴処分とする場合が多いのが現状です。[67] 不起訴となる理由はさまざまですが、おもなものとして、決定的な証拠がない、真犯人が出てきた、被疑者が深く反省している、犯罪が軽度である、再犯の恐れがないなどがあります。

他方、起訴されるとなると、**刑事裁判**（**公判手続**）に移ります。刑事裁判は、国家が主体となって、殺人、傷害、強盗、窃盗、横領のような犯罪をしたと疑われる人（被告人）に対して、有罪・無罪を決めたり、量刑などを決めたりするものです。どんなに凶悪な犯罪をした人でも、裁判がなされないまま刑罰を加えられるということはありません。

通常、逮捕から23日以内（48時間＋24時間＋20日間）に、起訴・不起訴が決まるよ。

＊67　法務省「令和4年度版 犯罪白書」によると、令和3（2021）年における検察庁終局処理人員総数をベースにした場合、起訴猶予率は全体で63・7％であった。また、刑法犯では52・6％であった。

COLUMN

少し混同しがちな言葉

ここで3つ、少し混乱しがちな言葉の整理をしておきましょう。ニュースなどでたびたび登場する言葉ですが、区別がつきますか？

(1)「警察官」と「検察官」

どちらも、犯罪と対峙する正義のミカタのイメージがありますね。このうち「警察官」というのは、私たちの生活にも身近にいる、いわゆる、おまわりさんです。日頃から、犯罪の予防や公共の安全維持のための活動を積極的に行っています。これに対し、「検察官」が登場するのは、犯罪が発生した後です。犯罪が発生すると、「警察官」が捜査を行いますが、「検察官」がみずから捜査を行うこともあります。犯罪をしたと疑われている人（被疑者）を起訴するかどうかを決める権限を持っているのは「検察官」です。警察官に起訴の権限はありません。

(2)「逮捕」と「勾留（こうりゅう）」＊68

どちらの言葉も、身柄を拘束する意味があります。「逮捕」は、警察などの捜査機関が、犯罪をしたと疑われている人の身柄を、一定の期間拘束することです。逮捕がなされた後、警察は、48時間以内に身柄を検察官に送致（送検）しなければなりません。身柄を受け取った検察官は、裁判所に対して24時間以内に「勾留」の請求をするかどうかを決めま

＊68 同じ読みで、「勾留」と「拘留」があるが、意味は異なる。「勾留」は、刑事手続としての身柄拘束（逮捕後の身柄拘束）であるのに対し、「拘留」は、1日以上30日未満の一定期間、刑事施設に拘置される刑罰の一種である（142ページ参照）。

す。勾留しない場合には、釈放となります。

このように、「勾留」は、検察官が、身柄を拘束したうえで捜査を行う必要がある場合に、逮捕に引き続き行われるものです。犯罪をしたと疑われている人が、証拠を隠匿（いんとく）したり、どこかに逃亡したりする恐れがある場合に、勾留が認められます。勾留請求は、検察官が行って、それを認めるかどうかは、裁判官が判断します。勾留期間は原則として10日間ですが、引き続き勾留が必要だと判断された場合には、さらに10日間延長されます。

(3)「被疑者」と「被告人」

どちらも、犯罪をしたと疑われている人のことを意味しますが、「被疑者」とは、捜査の対象となっているものの、まだ起訴されていない人を指します。そのあと、犯罪をした可能性が高くなると検察官が起訴するわけですが、起訴された時点から、その人は、「被告人」となります。ちなみに、起訴された時点で勾留されていた場合には、起訴後も引き続き勾留されますが、被告人が保釈金を納めることによって身柄を解放する「保釈」という制度があります。

刑事裁判の流れ

次に、刑事裁判（公判手続）について触れておきましょう。検察官によって起訴がなされると、公判手続に移ります。公判手続は、およそ、

①冒頭手続 → ②証拠調べ手続 → ③弁論手続 → ④結審・判決宣告

という流れになります。①は、起訴状の朗読、黙秘権の告知など、刑事裁判をスタートさせるための手続です。そのあと、②で、検察官が証拠によって証明する事実を述べた（これを「冒頭陳述」といいます）うえで、さまざまな証拠のチェックを行います。そのうえで、③で、検察官と弁護人の双方が、有罪・無罪だとする根拠と量刑に対する意見を述べます。被告人の最終陳述もなされます。そして最後に、④で、裁判所から判決が出されます（左ページの図参照）。

この間、**裁判で有罪が確定するまでは、被告人は犯罪をしていないことを前提に扱われます**。そして、どんなに被告人が怪しくても、検察官が被告人の犯罪をしっかりと証明できなければ、無罪となります。犯罪を裏付ける確実な証拠がないまま、犯罪が疑われただけで刑罰が与えられると、冤罪（えんざい）が生まれてしまう恐れがあり、無実の人の生命・自由・財産などが不当に奪われてしまいます。それを

刑事事件発生→刑事裁判　の流れ

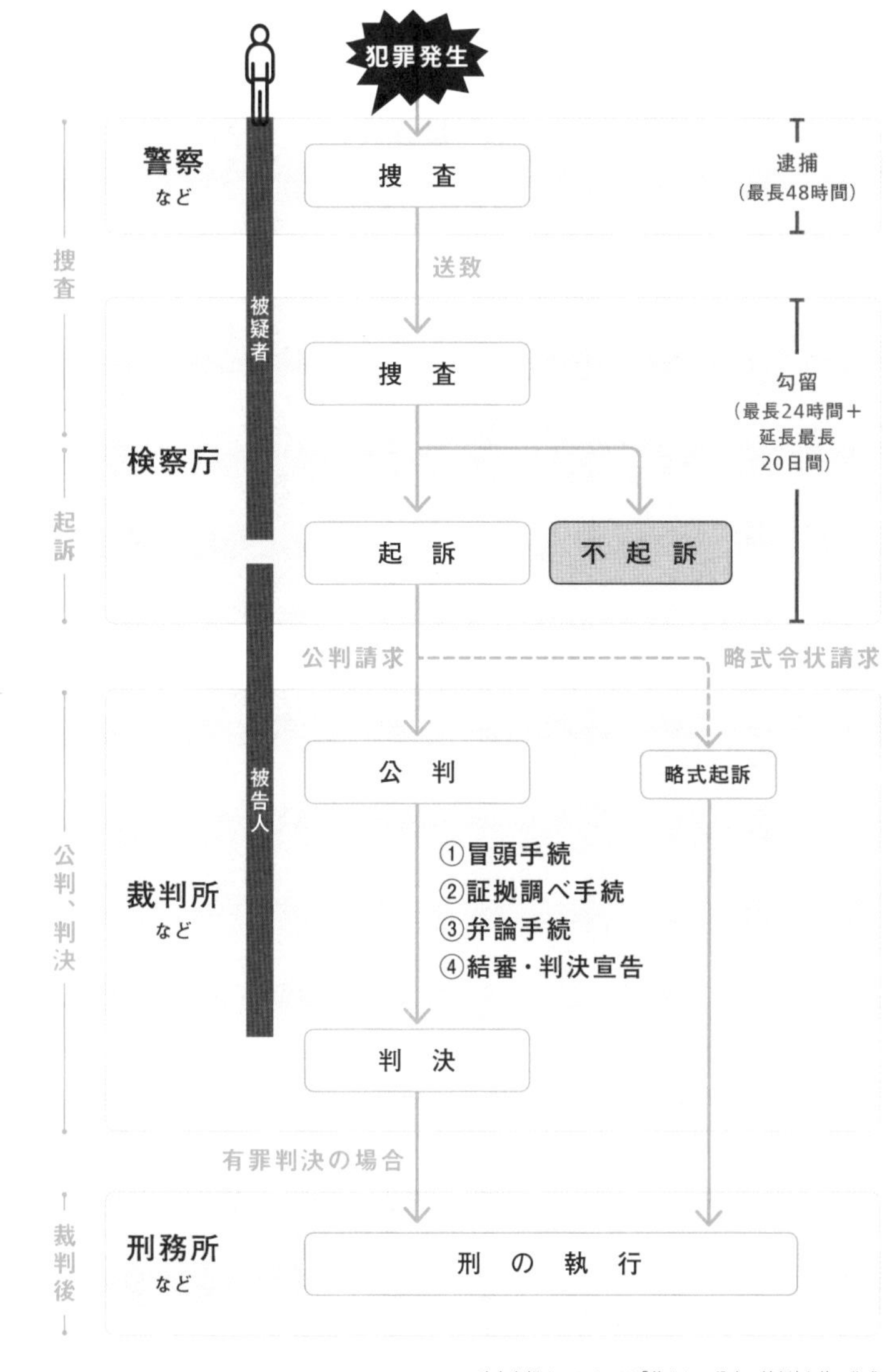

政府広報オンラインHP「暮らしに役立つ情報」を基に作成

避けるために、**「推定無罪」**、**「疑わしきは被告人の利益に」**などが原則となっているのです。

〔憲法31条〕
何人も、法律の定める手続によらなければ、その生命若しくは自由を奪はれ、又はその他の刑罰を科せられない。

この憲法の規定も、被告人も有罪が確定するまで無罪として扱うべきであるという意味を含んでいると理解できます。ただし、実際の刑事訴訟においては、**起訴されれば、99・9％有罪となっているのが現状**です（そんなタイトルのドラマもありましたね）。これは、ほぼ有罪になるもの以外は、検察が起訴しないことと関係があります。

なお、有罪となった場合には、刑罰が科されます。日本には刑罰として、生命を奪う「死刑」、自由を奪う「懲役」・「禁錮」・「拘留」[＊69]、財産を奪う「罰金」・「科料」[＊70]があります。また、これらの刑罰に加えて、「没収」が追加される場合もあります。

＊69　懲役・禁錮・拘留は、いずれも、刑事施設に拘置することを内容とする刑罰であるが、少し内容が異なる。「懲役」は刑務作業を行うのに対し、「禁錮」では、このような作業を行うことは義務ではない。「拘留」は禁錮と同じく、拘置のみで刑務作業の義務がないが、拘置される期間が短い。なお、２０２２年、刑法の一部を改正する法律が成立した。その中で、懲役刑と禁錮刑を廃止し、「拘禁刑」に一本化することとなった。施行日は3年以内とされている。

＊70　罰金・科料は、いずれも金銭の納付を命じる刑罰であるが、金額に違いがある。科料は、１０００円以上1万円未満であるのに対し、罰金は、1万円以上である。

被告人であっても、十分に人権は尊重されなければならないよ。

刑事訴訟法という法律

刑事裁判との関係で重要な法律として、**刑事訴訟法**があります。六法の1つとして位置づけられます。刑法という法律が、どのような行為が犯罪となり、どのような刑罰が与えられるのか、というカタログを示した法律であるのに対し、刑事訴訟法は、犯罪をした人に刑罰を与えるために必要な手続を規定した法律といえます。別の言い方をすると、**本当に犯罪があったかどうかを決定するためのプロセスを示した法律**です。

なお、刑事訴訟法の役割（存在意義）は、単なる形式的な手続を規定しているにとどまりません。先ほど紹介した憲法31条にあるように、刑事訴訟法の定める手続によらなければ、国家は、国民に刑罰を与えることができません。刑事訴訟法によって、**国家が恣意的に特定の人を犯罪者に仕立てたり、特定の人に不当な刑罰を与えたりすることを防いでいる**のです。

［刑事訴訟法1条］
この法律は、刑事事件につき、公共の福祉の維持と個人の基本的人権の保障とを全うしつつ、事案の真相を明らかにし、刑罰法令を適正且つ迅速に適用実現することを目的とする。

たとえば、路上で挙動不審なAさんを発見した警察官が、令状なしにAさんの身柄を拘束したうえで、強制的に採尿をしたところ、その尿から覚せい剤が検出された場合はどうでしょうか。また、Bさんについて常習の窃盗が疑われたので、警察が、Bさんの車に、令状なしにGPSをつけたうえで追跡をし、犯行に及んでいるBさんを発見し、取り押さえた場合はどうでしょうか。このような方法によって収集した証拠を、裁判の際に採用してよいのでしょうか？ それとも、そのような証拠は排除すべきなのでしょうか？

これは、刑事訴訟法における、**「基本的人権の保障」と「事案の真相を明らかにすること」との調和**をどのように図るかという問題と大きく関係しているのです。「証拠能力を排除して無罪にしてしまうことは、危険な人物を社会に放してしまうことになるじゃないか！」との意見もあるでしょう。他方で、「違法な方法でも捜査ができるとなると、私たちの人権が脅かされる恐れがあるのではないか！」という意見もあるでしょう。刑事訴訟法には、その狭間で調整を図る役割があるのです。

「基本的人権の保障」と「事案の真相を明らかにすること」は、対立しやすい利益だね。

何が「犯罪」なの？

読者のみなさんもご存じのとおり、犯罪に関する基本法は、**刑法**です。明治40（1907）年に公布、翌年に施行されました。刑法上では、さまざまな犯罪類型が規定されています。法的に保護しなければならない何らかの利益（法益）がある場合、この法益を侵害する行為を「犯罪」として禁止しているのです。

犯罪を大きく分けると、①**個人の利益**を侵害する犯罪、②社会・**公共の利益**を侵害する犯罪、③**国家自体の利益**を侵害する犯罪に分類することができます。

①個人の利益の侵害

殺人、傷害、過失致死傷、逮捕・監禁、強制わいせつ、住居侵入、業務妨害、名誉毀損、強盗、窃盗、横領など

②社会・公共の利益の侵害

騒乱、放火、往来妨害、通貨偽造、文書偽造、印章偽造、公然わいせつ、わいせつ物頒布、賭博(とばく)など

③国家自体の利益の侵害

内乱、公務執行妨害、逃走、犯人蔵匿(ぞうとく)、証拠隠滅、汚職など

なお、犯罪の類型は、刑法に定められているものに限りません。刑罰を伴うような禁止行為が規定されている法律がたくさんあります。たとえば、インサイダー取引(金融商品取引法)、特定の株主に対する利益供与(会社法)、高金利での貸付け(出資の受入れ、預り金及び金利等の取締りに関する法律)などです。

いずれにしても、このように、刑法を中心とした法律によって、法益が守られているからこそ、私たちは、安心して毎日を過ごすことができるのです。

刑罰を伴って様々な法益を守る法律。
それが刑法だ。

COLUMN

犯罪なければ刑罰なし

さらに、別の角度から、刑法という法律を説明することも可能です。

そもそも、刑法の世界は、「罪刑法定主義」という考え方が支配しています。これは、「どのような行為が犯罪となり、どのような刑罰が科せられるのかは、事前に、かつ具体的に、法で定められていなければならない」というものです。「なんとなく悪いことをしているから、似ている法律の条文を使って有罪とする」、「悪いやつはみんな死刑」、「事件発生の時には犯罪として認められていなかったけれど、後で法律を作って、遡って犯罪者にしてしまおう」などといったことは、刑事事件の世界では一切できないのです。そうでないと、私たちは安心して自由な活動をすることができません。

つまり、刑法は、「これをやってはいけない」というルールを設けることによって、私たちが安心して暮らせるように法益を保護するとともに、それが同時に、「これならば、やっていけないものとはなっていない（犯罪とならない）」と明らかにすることによって、私たちの自由な活動を確保しているのです。

刑法39条

読者のみなさんは、刑法39条をご存じですか？　次のような条文です。

［刑法39条］
1　心神喪失者の行為は、罰しない。
2　心神耗弱（こうじゃく）者の行為は、その刑を減軽する。

自分のした行為が違法かどうかを認識できる力、そして違法と認識した場合に、自分の意思で犯罪行為を思いとどまる力のことを**「刑事責任能力」**といいますが、この能力が完全にない状態が「心神喪失」、著しく低下した状態が「心神耗弱」です。そして、そのような場合には、その人の行った行為を罰しなかったり、刑を減軽したりすることとなります。

「39 刑法第三十九条」[*71]という映画があります。ある夫婦の殺害容疑で、堤真一演じる劇団員・柴田真樹が逮捕・起訴されます。本人は大筋で容疑を認めていますが、犯行時の記憶がなく殺意を否認しています。そして、温厚な柴田が突然変貌し、法廷でも意味不明の言葉を発したため、精神鑑定がなされることになります。柴田は、多重人格障害なのか、それとも芝居なのか。隠された過去と「刑法39条」の関係は――。そして、柴田の「私が本当に凶器を突き刺したかったのは、刑法39条だった」というセリフ――。

この条文には、一定の難しさがあります。そもそも、犯罪をしたら処罰されるのが当然なのではないかという意見があります。実際に、無差別殺人の犯人の刑事責任能力が問題となる報道がされる度に、刑法39条を廃止して、一般の人と同様に処罰すべきであるとの声が高まります。また、精神障害者の主体性を尊重するという立場からも、刑法39条は精神障害者を差別的に扱う条文であると、その存在を疑問視する声があります。他方、十分な刑事責任能力がなければ、物事の善悪が判断できず、また、自分の行動を律することができません。その人に対して、一般の人と同様に適法な行為をすることを期待できず、非難を加えることは

*71　1999年公開、森田芳光監督。永井泰宇による同名小説が原作。刑法39条の規定を軸に、犯人と鑑定人による虚々実々のやり取りを描いた心理サスペンス。

永井泰宇『39【刑法第三十九条】』角川文庫　※販売は終了しています

困難ともいえます。

その人に与えられるべきなのは刑罰なのか？ という視点も大切だ。

執行猶予

有罪となったとしても、執行猶予付きの判決が出される場合があります。たとえば、「懲役1年、執行猶予3年」という具合に。読者のみなさんにも、「執行猶予」という言葉を聞いたことがある人が多いと思います。これは、**有罪であっても一定期間にわたり刑罰の執行を猶予され、その期間中に他の罪を犯さなければ、刑罰そのものが免除される**というものです。たとえば、「令和4年版 犯罪白書」によると、令和3（2021）年度の死刑・懲役・禁錮に処せられた者（46、248名）のうち、その約66％に対して、刑の全部または一部が執行猶予となっています。

執行猶予となれば、刑務所に収監されずに家に帰ることができますし、社会人として働くことも、学生として学校へ通うことも可能です。比較的軽い罪を犯したり、自分の犯した罪を深く反省したりしている人を対象として、刑務所にいるよりも、社会生活を送る中で更生させたほうがよいという考え方のもとにある制度です。

ただし、執行猶予が付いていても、刑の執行が猶予されるだけで、あくまで有罪判決ですので、前科記録には残ります。また、執行猶予期間中に再び罪を犯せば、執行猶予は取り消されて、新たに犯した罪の刑期と合わせた期間、服役することになります。

有罪でも、社会の中でやり直せるチャンスが与えられる場合があるんだね。

報いとしての刑罰？

先ほど、日本では、刑罰の種類として、死刑・懲役・禁錮・拘留・罰金・科料があると紹介しましたが、そもそも、犯罪者に対して刑罰を科す意味はどこにあるのでしょうか？

まず、犯罪をしたという過去に目を向けて**犯した罪の応報（報い）**として捉える考え方があります。この考え方は、「目には目を、歯には歯を」[*72]という考え方に通じるものであり、被害者感情も重視されます。

『ジャッジメント』[*73]という小説は、凶悪な犯罪が増加する日本で、復讐法――被害者やその近親者が選択した場合、犯罪者から受けた被害内容と同じことを合法的刑罰として執行できるという法律――が施行されたという設定で展開されます（もちろん、今の日本にはそのような法律はありません。念のため）。たしかに、被害者やその近親者が、「犯罪者に復讐してやりたい」とか「被害者と同じ目に遭わせてやりたい」とか思うのは、自然な気持ちなのかもしれません。しかし、それだけが刑罰の意味でしょうか？　刑罰を科せば被害者や近親者を救えるのでしょうか？　この小説でも、被害者やその親族の葛藤が描かれています。

刑罰を与える意味が何かによって、刑罰の内容も変わる余地があるね。

＊72　ハンムラビ法典や聖書の中に登場する有名な言葉。同害報復の法として捉えるのが一般的である。他方、過度な報復を防ぐための法として位置づけることもできる。左の写真は、ハンムラビ法典が記録された石棒。

写真提供：ピクスタ Etoiles/PIXTA

教育のための刑罰？

他方、近年では、刑罰の意味を、将来に目を向けて、**犯罪を抑止する**（犯罪を**予防する**、**犯罪者に社会的な教育を施す**）**ためのもの**として捉える向きが強いと思います。（死刑という刑罰でない限り）犯罪をした人でも、刑期を終えればまた、必ず誰かの隣に住むのです。その時に、みんなが安心して暮らせる社会を目指さなければ、刑罰を与える意味がありません。

そうだとすると、刑罰は、単に受刑者を肉体的・精神的に痛めつければよいというのではなく、**受刑者が社会復帰をするために有効性のあるものでなければならない**はずです。

たとえば、懲役という刑を考えてみてください。受刑者が刑事施設に身柄を拘束される刑罰です。受刑者は、その間、社会から隔離されます。その中で、労務作業を行いながら、更生のための教育プログラムを受けます。ですから、受刑者の矯正・更生のために相当の意義があるでしょう。しかし、受刑者がいずれ社会に戻ることを考えた場合、一定期間完全に社会から隔離することだけが、社会復帰のための手段でしょうか？　受刑者の自由をある程度奪いながらも、可能な限

＊73　犯罪者への応報（報い）を通して、刑罰とは何か、復讐とは何かを問いかける。

小林由香『ジャッジメント』双葉文庫

り、社会との関係を断たない刑罰の与え方はないでしょうか？

海外には、**社会奉仕命令**といって、社会の中で奉仕活動をさせることによって、受刑者の矯正・更生を図る制度を採用している国もあります。有名なサッカー選手が傷害事件で有罪となったら、1年間で50時間のサッカー教室を無償で実施する。会社の社長が脱税で有罪となったら、2年間、1週間に1度の割合で、老人ホームでボランティア活動をする――なんとなく、ユニークだと思いませんか？

以前から、「死刑制度は必要か？」という問題が世間では注目されます。日本に死刑制度が存置(そんち)され続けていることが国際社会から批判を受けています。これはこれで、重要な論点といえます。しかし、こうやって考えると、死刑制度以外にも、あるべき刑罰とはどのようなものなのかを、いろいろ考える必要があるような気がします。

再犯をどのようにしたら減らせるかという視点も、とても重要だ。

2 民事事件に関するいくつかの知識

紛争処理とADR

次に、「民事事件」について説明をしましょう。今まで取り上げてきた刑事事件は、犯罪者に対して国家が一定の刑罰を与えるという、いわば「垂直的」な法律問題です。これに対し、民事事件は、市民同士が争う「水平的」な法律問題ということができます。貸したお金が返ってこない、買った商品に欠陥があった、アパートの大家さんに追い出されたなど、市民間のトラブルが事件の内容となります。

民事上の紛争を解決するために、さまざまな方法があります。まずは、紛争当事者が話し合いをして、お互い納得するのであれば、それが一番、穏当な解決方法でしょう。犯罪が行われているわけではありませんから、わざわざ国家の手を煩わす必要もありません。お互いが譲歩をしあって、争いをやめることを、法律上で「和解」といいます。一般的な用語でいう「示談」がこれと同じです。

では、お互いの主張が平行線をたどる場合には、どうでしょうか。この場合、すぐに「裁判」という選択肢もなくはありませんが、裁判には、お金も時間も労力もたくさんかかります。そこで、民事裁判によらずに、民事上の紛争の解決をしようとする当事者のために、公正な第三者が関与して、その解決を図る手続があります。これを、**ADR（裁判外紛争解決手続）**といいます（左ページの図参照）。

ADRと一言で言っても、さまざまなものがあります。大きくは3種類に分けることができるでしょう。①「民事調停」、「家事調停」、「裁判上の和解」など、裁判所が行うもの**（司法型ADR）**と、②公害等調整委員会や国民生活センターの紛争解決委員会など、行政機関・行政関連機関が行うもの**（行政型ADR）**と、③弁護士会や司法書士会、業界団体や消費者団体、NPO法人など、民間のADR事業者が行うもの**（民間型ADR）**です。ちなみに、特定の分野でADRが複数共存する場合でも、それぞれのADRに優先順位のようなものがあるわけではありませんから、当事者の紛争に一番合ったADRを選択することになります。

なお、ADRは、裁判手続と比較した場合、**安価かつ迅速に紛争を解決する**

ADRってどんなシステム？

※不動産鑑定士調停センターが行う不動産トラブルのための調停手続の例

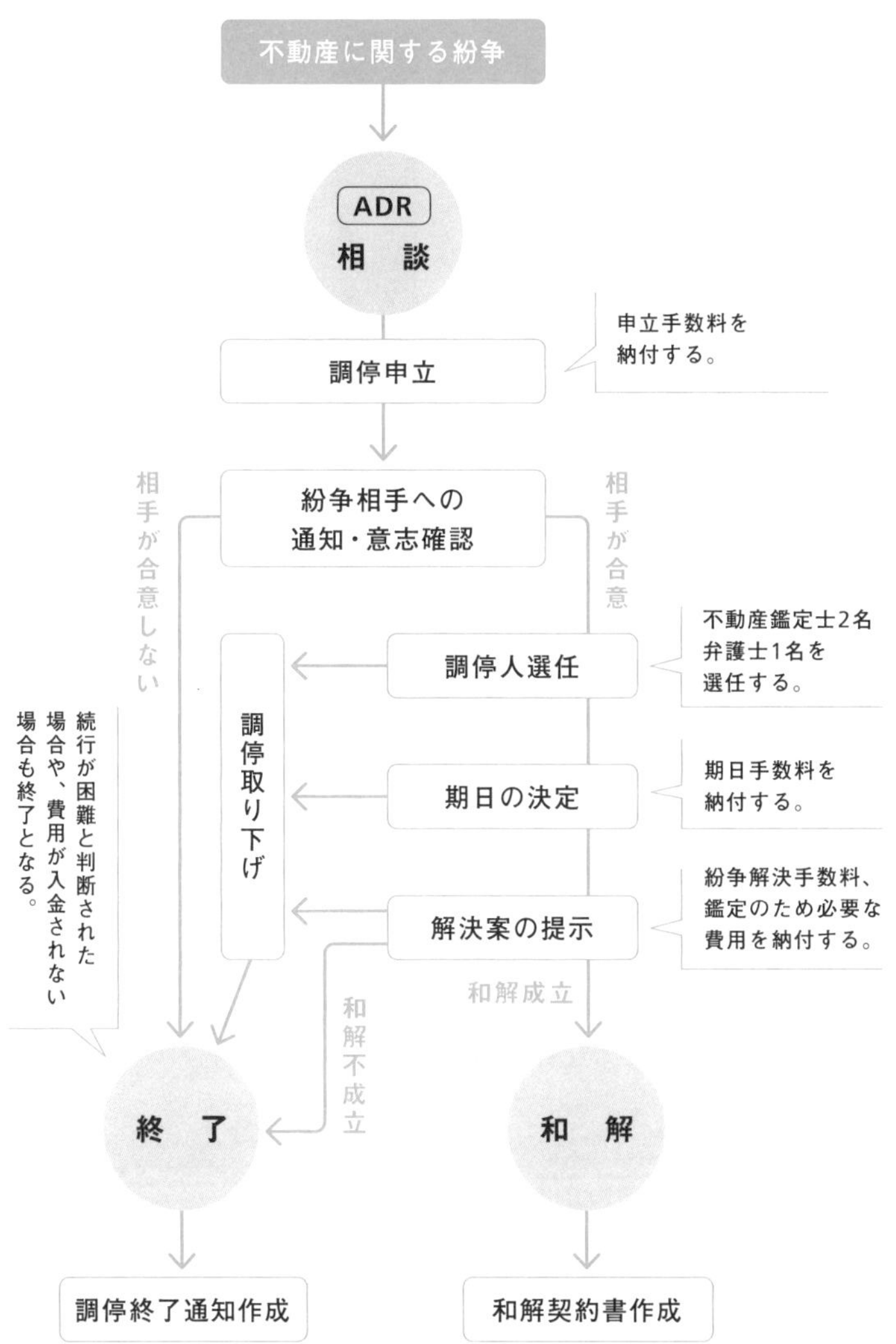

日本不動産鑑定士協会連合会HPを基に作成

ことができる点に特徴があります。手続も簡便なものが多いです。ただし、強制力がなかったり、弱かったりします。そのような意味で、終局的な解決にならない可能性は残されます。また、紛争の相手方が話し合いのテーブルについてくれなければ活用しにくい制度です。そこで、「白黒、はっきりつけようじゃないか！」という場合には、やはり、民事裁判ということになります。

社会全体が混乱している災害時などは、とくにＡＤＲが有益だ。[*74]

民事裁判

民事裁判の場合、まず、誰かが誰かを訴えることによって裁判が始まります。訴えたほうが**原告**、訴えられたほうが**被告**です。気をつけていただきたいのは、刑事裁判と違って、訴えられた側が悪者というわけではなく、そもそも、両者の立場は固定的でありません。逆転することもあります。たとえば、お金の貸し借りについて争うときに、「貸した金を返せ！」と貸主が借主を訴えれば（貸金返還

＊74　東日本大震災が起こった直後、仙台弁護士会が「震災ＡＤＲ」を立ち上げ、低廉な費用で、迅速に和解になる解決にあたった。申立件数は５００件を超えた。

請求訴訟)、貸主が原告、借主が被告となります。これに対して、「債務を負っていないことを確認してほしい!」と借主が貸主を訴えれば(債務不存在確認訴訟)、借主が原告、貸主が被告となります。

民事裁判では、裁判を開始するか、どのような判決を求めるか、最後まで争うかなどを当事者が決めることができます(専門的に、これを**処分権主義**といいます)。原告当事者がファイティング・ポーズをとる限りでしか、裁判はなされません。原告が「訴えを取り下げたい」と言っているのに、裁判所が裁判の継続を強制することはできませんし、また、原告が「100万円の支払いを求めたい」と言っているのに、裁判所が土地の引き渡しを命じるなんてこともできないのです。

さらに、民事裁判の判決の基礎となる事実の収集は、当事者が行うことになっています(専門的に、これを**弁論主義**といいます)。当事者が「AさんとBさんの間でお金の貸し借りがあった」という事実は争っていない(どちらも、貸し借りがあったことは認めている)のに、裁判所が「このお金は、AさんがBさんからもらったものだ」と勝手に事実認定することはできません。自分の主張を裏付ける証拠の収集も、当事者がみずから行います。裁判所は、基本的に、待ちの姿勢です。

そして、裁判所が判決を出すときも、厳格な法適用一辺倒ではなく、相当程度、バランスや結果の妥当性が重視される傾向が見られます。事件を処理するためにピッタリする条文がなくても、条文と状況が似ていれば、その条文を類推（るいすい）適用[*75]して、事件を処理する場合もあります。また、損害賠償事件において、加害者に責任はあるのだけれど、被害者にも落ち度があるような場合には、損害賠償額が減額されたりもします。民事裁判の中で、原告と被告の折り合いがつけば、和解になることもあります。刑事裁判に比べて、処理は柔軟といえます。

民事裁判の詳細な手続は、「民事訴訟法」という法律に規定されているよ。

日本の民事裁判で一番活躍している条文

読者のみなさんは、日本の民事裁判で、一番用いられている条文をご存じですか？　それは、民法709条です。同条は、次のように定められています。

*75　たとえば、「犬の散歩をする際、公園の花壇部分に立ち入ってはいけない」という規定があるとき、「公園でキャッチボールをする際も、公園の花壇部分に立ち入ってはいけない」と解釈するのが類推適用。ちなみに、「犬」がだめなのだから「ネコ」もだめだと解釈するのを拡張適用という。類推適用も拡張適用も、規定の解釈を文言よりも広げるという意味で共通している。

［民法709条］
故意又は過失によって他人の権利又は法律上保護される利益を侵害した者は、これによって生じた損害を賠償する責任を負う。

条文を一読するだけで想像できると思いますが、この条文は、かなり抽象的で、そのぶん、活用範囲は極めて広いものとなっています。交通事故、傷害事件、公害問題、医療過誤事件、名誉毀損やプライバシー侵害など、誰かに損害の賠償を求めたいと思ったときに、出発点となる条文です。これによって、損害を被った被害者の救済を図っているのです。

刑事責任においては、結果が発生せずに、「未遂」であったとしても処罰される場合があります（刑法43条、44条[*76]）。あるいは、実害が発生していなくとも、保護法益が侵害される危険があれば、それだけで処罰の対象となることもあります。しかし、民事責任においては、何らかの損害の発生が、加害者に責任を問い得るための要件となっています。

他方、刑事事件においては、「過失犯」が処罰されるのは例外的ですが（刑法38条1項[*77]）、民事責任の場合、故意と過失の区別をすることなく、損害賠償責任の

＊76 【刑法43条】犯罪の実行に着手してこれを遂げなかった者は、その刑を減軽することができる。ただし、自己の意思により犯罪を中止したときは、その刑を減軽し、又は免除する。
【刑法44条】未遂を罰する場合は、各本条で定める。

＊77 【刑法38条】①罪を犯す意思がない行為は、罰しない。ただし、法律に特別の規定がある場合は、この限りでない。（後略）

対象になります。

私人間において、被害者と加害者の利益調整（被害者救済）を図るのが、民法709条だ。

「過失」があるからこそ…

さて、ここで「過失」について触れておきましょう。民法709条の大きな特徴として、**過失責任**という考え方を採用している点が挙げられます。すなわち、人は、故意または過失によって他人の権利を侵害した場合にのみ責任を負う（加害者に故意または過失がないときは、加害者はその損害を賠償する責任はない）というものです。

ここでいう過失というのは、簡単に言うと、不注意のことを意味します。より専門的には、「予見可能性に基づく結果回避義務」と再定義されています。すなわち、**損害が発生する予見可能性があるにもかかわらず、その損害発生を回避す**

るための注意を怠った場合に、過失があったということになるのです。

そもそも、近代以前は、行為と損害との間に原因関係があれば、その原因者（原因を作った人）がすべての賠償義務を負うという考え方が有力であったといわれています（原因責任主義）。しかし、明治期の近代的な民法典編纂の時期に、過失責任主義が採用されました。この背景には、資本主義経済における市民の自由な活動を最大限に保障するという発想があります。結果に対して全責任を負わなければならないとすると、私たちの行動は萎縮してしまい、産業が発展しなくなってしまいますからね。

過失責任主義は、資本主義経済において重要な原則だ。

過失を証明しなくても…

過失責任主義は、私たちに活動の自由を保障します。しかし、見方を変えると、一定の不都合をもたらします。なぜならば、被害者が加害者の過失を証明できなければ、誰もその責任を負う必要はなく、単なる災難として処理されてしまうからです。とくに、危険を潜在的に含有しているものがたくさんある今日の社会においては、被害が重大かつ深刻な事件があります。より積極的に、被害者の救済や、将来の不法行為の抑止が必要となる場面も少なくないように思われます。

そこで、過失を要件とせずに加害者に対して賠償責任を課しうる、**無過失責任**が台頭することになります。現在の日本においても、公害問題、自動車事故、食品や電化製品などの製造物から生じた事故、原発事故など、さまざまな領域において、法制度の中に無過失責任的な考え方が導入されています。

1つだけ例を挙げましょう。**自動車損害賠償保障法**という法律があります。この法律では、自動車事故を起こしてしまった人の民事責任について規定しています（ちなみに、刑事責任については、**自動車の運転により人を死傷させる行為等の処罰に関する法律**などに規定があり、それに従って処罰されます[*78]）。

〔自動車損害賠償保障法3条〕
自己のために自動車を運行の用に供する者は、その運行によつて他人の生命又は身体を害したときは、これによつて生じた損害を賠償する責に

*78 【自動車の運転により人を死傷させる行為等の処罰に関する法律2条】次に掲げる行為を行い、よって、人を負傷させた者は15年以下の懲役に処し、人を死亡させた者は1年以上の有期懲役に処する。
1 アルコール又は薬物の影響により正常な運転が困難な状態で自動車を走行させる行為
2 その進行を制御することが困難な高速度で自動車を走行させる行為
3 その進行を制御する技能を有しないで自動車を走行させる行為
4 人又は車の通行を妨害する目的で、走行中の自動車の直前に進入し、その他通行中の人又は車に著しく接近し、かつ、重大な交通の危険を生じさせる速度で自動車を運転する行為

任ずる。（後略）

注目してもらいたいのは、民法709条（161ページ参照）と異なり、「故意または過失によって」という文言が条文にないことです。これは、被害者が加害者の故意・過失を証明しなくても、加害者の責任を問えることを意味します。

じつはこの条文は、この後に「ただし書き」が続き、加害者自身が、自分には落ち度がないことを証明できれば免責されることが規定されていますので、純粋な無過失責任ではありません。しかし、「被害者が加害者の過失を証明する」という発想から、「加害者が自分に過失がないことを証明する」という発想に転換し、しかも、過失がないことの認定を厳しくすることによって、実質的に無過失責任にも似た重たい責任が、加害者に課されているのです。自動車は、いわば鉄の塊。それが走っているのですから、危ないわけです。ですから、事故を起こしたら厳しい責任を課すことによって、自動車事故を抑止しているのです。

高度に産業経済が発展すると、無過失責任の活躍領域が拡大するね。

5　車の通行を妨害する目的で、走行中の車（中略）の前方で停止し、その他これに著しく接近することとなる方法で自動車を運転する行為

6　高速自動車国道（中略）又は自動車専用道路（中略）において、自動車の通行を妨害する目的で、走行中の自動車の前方で停止し、その他これに著しく接近することとなる方法で自動車を運転することにより、走行中の自動車に停止又は徐行（中略）をさせる行為

7　赤色信号又はこれに相当する信号を殊更に無視し、かつ、重大な交通の危険を生じさせる速度で自動車を運転する行為

8　通行禁止道路（中略）を進行し、かつ、重大な交通の危険を生じさせる速度で自動車を運転する

「互いに助け合う」という発想

リスクは、つねに私たちの周りに潜んでいます。自分の注意で回避できるリスクもありますが、回避することが難しいリスクもあります。また、自分自身や加害者1人では、到底、負うことができない大きな損害が生じてしまうかもしれません。では、そのリスクが、誰にでも起こり得る可能性があるものであれば、どうでしょうか。その場合には、**保険**という制度を有効活用して、リスク分散をすることが考えられます。[*79]

そもそも保険とは、**われわれが生活していくうえで少ない確率で起こり得る大きなリスクについて、多くの人たちで少しずつ負担をして、その少ない確率に当たってしまった人の負担を軽減するシステム**です。私たちの身の回りには、民間の保

民間保険には、どんなものが？

第1分野 生命保険	第2分野 損害保険	第3分野 「生命保険」「損害保険」どちらの分類にも属さない保険
● 終身保険 ● 定期保険 ● 養老保険 ● 個人年金保険	● 火災保険 ● 地震保険 ● 自動車保険 ● 海上保険	● がん保険 ● 介護保険 ● 傷害保険 ● 所得補償保険
生命保険会社でのみ取り扱い可能	損害保険会社でのみ取り扱い可能	どちらの保険会社でも取り扱い可能

険会社が販売している保険商品があります。生命保険、傷害保険、地震保険……。ただ、保険は、誰でも起こり得るリスクであることと、大数（たいすう）法則が成り立てば（どのくらいの確率でその事故が起こるかが計算できる状態になれば）、保険商品化することができます。

なお、民間の保険会社の保険商品をイメージすると、その保険への加入は任意です。加入したい人だけ加入して仲間になり、リスクを補い合います。しかし、保険への加入が強制される場合もあります。損害を発生させる危険のある活動を行おうとする者に対して保険への加入を義務づけておき、事故があればそこから賠償金を拠出するというものです。賠償義務者に賠償のための資力がない場合であっても、被害者を救済できるという点に存在意義があります。自動車事故に関する責任保険が例として挙げられます。

保険は、潜在的なリスクを多くの人で分散して支え合うシステムだ。

行為

【同3条】①アルコール又は薬物の影響により、その走行中に正常な運転に支障が生じるおそれがある状態で、自動車を運転し、よって、そのアルコール又は薬物の影響により正常な運転が困難な状態に陥り、人を負傷させた者は12年以下の懲役に処し、人を死亡させた者は15年以下の懲役に処する。②自動車の運転に支障を及ぼすおそれがある病気として政令で定めるものの影響により、その走行中に正常な運転に支障が生じるおそれがある状態で、自動車を運転し、よって、その病気の影響により正常な運転が困難な状態に陥り、人を死傷させた者も、前項と同様とする。

【同5条】自動車の運転上必要な注意を怠り、よって人を死傷させた者は、7年

「社会全体で助け合う」という発想

そして、その延長線上に、もっと大きな規模でリスクを支える仕組みが見えてきます。**市民・国民全体が抱えるリスクであるのならば、リスクに備えて、社会全体でそれをプールし、そこから損害の回復を図るといった発想**です。

たとえば、労災に対する補償制度、公害による健康被害に対する補償制度、医薬品の副作用被害に関する救済制度などがあります。これらは、賠償義務の存在を前提とせず、被害者をできるだけ速やかに救済する制度です。

さらに、社会保障の一種としての被害者救済制度も存在します。すなわち、社会全体で（市民全体で）リスクを負担するという考えです。たとえば、犯罪による生命・身体被害に対する補償制度があります。また、貧困、病気、老齢などさまざまな場面で用いられている、わが国にある各種保険（失業保険、健康保険、年金など）や課税制度も、そのような文脈で理解できます。

どこまでは自助努力？ どこからは相互扶助？ その棲み分けが大切だ。

以下の懲役若しくは禁錮又は１００万円以下の罰金に処する。ただし、その傷害が軽いときは、情状により、その刑を免除することができる。

＊79 保険に関する基本的な法律として保険法がある。１８９９年制定の商法の中にあった保険に関する規定を見直したうえで、２０１０年に独立した法律として施行された。保険法では、保険契約の締結から終了までにおける保険契約の一般的ルールが定められているが、とくに、保険契約者、被保険者、保険金受取人を保護するための規定が盛り込まれている。

3 いろいろな事件・事故

教授の椅子は渡さない

医療事故。それは、古くて新しい問題です。病院に行った人全員の病気やけがが治るわけではありません。医学にも限界がある以上、医者・病院は、患者の病気やけがの治癒という結果を請け負っているわけではありません。しかし、治療行為後に重い後遺症が残ってしまったり、患者が死亡してしまったりすると、医者・病院への不信感から、「医療ミスがあったのではないか？」と疑ってしまう場合もあるでしょう。

医療問題を扱った小説として有名なのが、『白い巨塔』[*80]です。浪速大学に勤務し、次期教授ポストを狙う野心の医師・財前五郎を中心に、医学界の黒い部分を鋭くえぐる小説。今までに何度も映像化されています。物語の中で、教授選が1つの軸となりますが、もう1つそれに絡んで展開されるのが、医療過誤訴訟です。

*80 教授選、医療過誤訴訟などを通じて、医学界の闇を描く長編小説。1966年の映画化以降、何度も映像化されている。

山崎豊子『白い巨塔』新潮文庫

中小企業の社長・佐々木庸平が病院で死亡します。その背後に、財前の医療ミス（胸部レントゲン写真の陰影の誤判や、術後の呼吸困難の誤診など）があります。遺族は、民事訴訟を決意します。第1審では、原告敗訴。遺族の捨て身の控訴による控訴審では、新証言なども飛び出し、原告勝訴となります。そして最高裁への上告――。

医療訴訟は難しい？

ただし、一般的に、医療過誤訴訟は、原告（患者）にとって「難しい」といわれています。裁判所の公表している統計を見ても、地方裁判所で行われる第1審の通常訴訟事件と医事関係訴訟事件を比べた場合、原告の主張を認

通常訴訟事件、医事関係訴訟事件の認容率

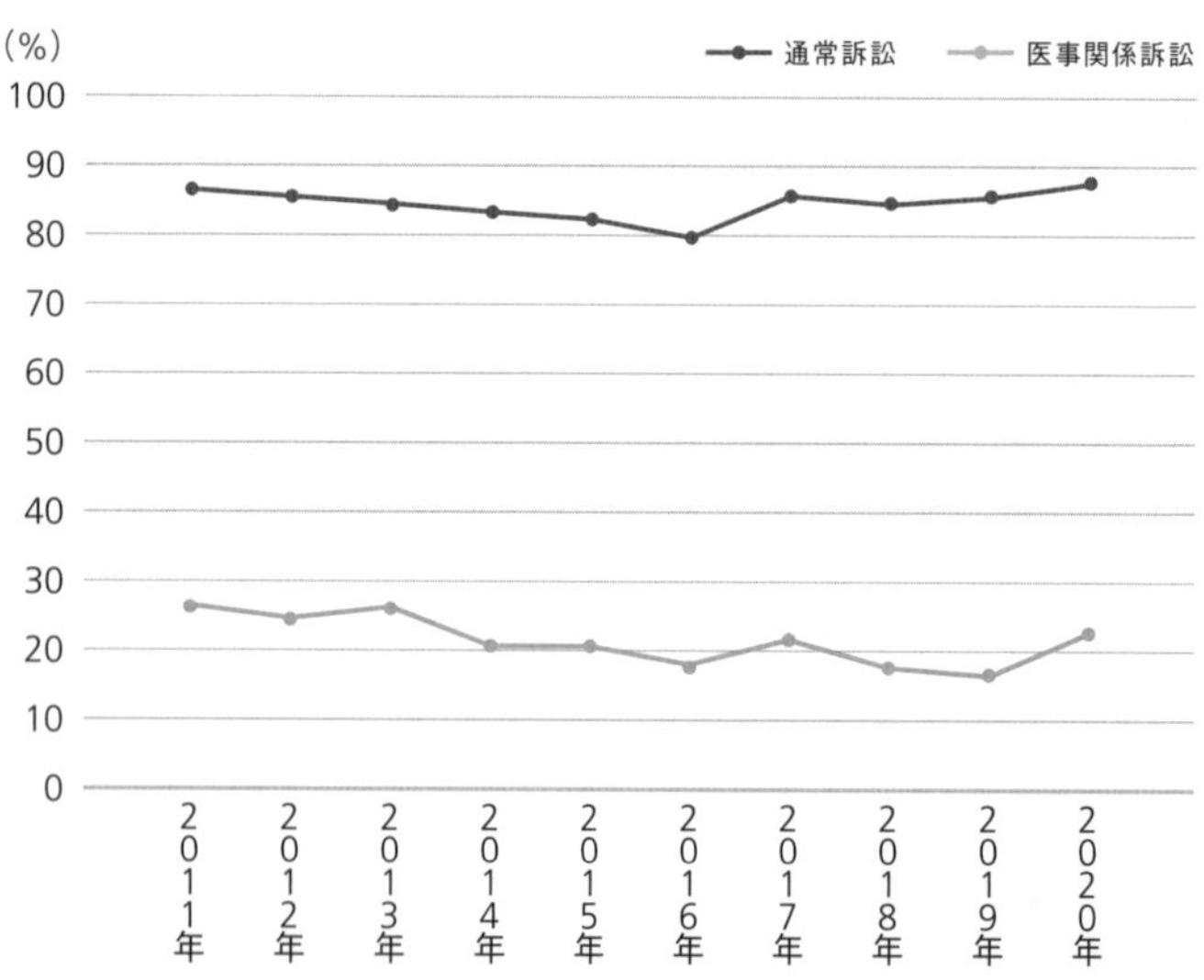

裁判所HP「平成29年度医事関係訴訟事件統計」を基に作成

める率（認容率）に関して、後者が極めて低い状態が継続していることが分かります。

これは、なぜなのでしょうか？　**医療訴訟においては、原告（患者）側が、医者・病院の「過失」や、医療過誤と損害との「因果関係」を証明しなければなりませんが、これは、決して容易ではありません。**その当時の医療水準に照らして、適切な治療行為がなされなかった（＝過失がある）かどうか、また、適切な治療がなされていれば、患者は死亡しなかったはずだといえる（＝因果関係がある）かどうか。それを患者側が証明できなければ、医者・病院に損害賠償などの責任を問うことはできません。しかも、ここでいう「証明」の程度は、「高度の蓋然性（がいぜんせい）」が必要とされています。簡潔にいえば、裁判官が「十中八九、間違いないだろう」という心証を抱くような証明が要求されているのです。

医療訴訟は、証明が難しいだけでなく、時間や多額の費用がかかるという問題点もあるよ。

ゴリアテに挑むダビデ

さて、次に製造物事故の世界を覗いてみましょう。

私たちは、日頃から、さまざまな物を購入して、生活を成り立たせています。パソコン、自動車、お弁当、洋服、おもちゃなど……。そして、そこにはもはや、「自分自身で作る」という選択肢が、ほぼありません。要は、今の社会では、作り手と受け手が分化しているのです。すなわち、**消費者が、みずからリスクをコントロールできない**ことを意味します。

では、その商品に欠陥があって、事故が生じた場合はどうなるのでしょうか。いきなりドライヤーから火が出て火傷(やけど)をしたり、お昼に食べたお弁当で食中毒になったり、乗っていた車のブレーキがまったく利かずに事故を起こしたり、化粧水を使ったら肌が変色してしまったり……。このような事故は、消費者が避けようと思っても避けることが難しい事故なのです。しかも、消費者という小さな存在が、製造業者という大きな存在を相手に、責任追及をしていかなければなりません。それは、ちょうど、ゴリアテに挑むダビデ[*81]のようです。

そんなダビデ(=消費者)の武器になるものが、**製造物責任法**という法律です。

*81　小さな羊飼いのダビデが屈強な巨人ゴリアテを打ち倒す、『旧約聖書』の有名な決闘の物語。「強者に立ち向かう弱者」の比喩。

この法律によれば、製造業者が製造した物の「欠陥」によって、生命・身体などに損害が生じた場合には、過失の有無にかかわりなく、製造業者は損害賠償責任を負うというものです（製造物責任法3条[*82]）。一種の無過失責任（164ページ参照）といってよいと思います。

「欠陥」のいろいろ

製造物責任法上の「欠陥」には、大きく、製造上の欠陥、設計上の欠陥、指示・警告上の欠陥があります。

まず、**製造上の欠陥**とは、製造物が設計・仕様どおりに作られなかったことによって安全性を欠く場合の欠陥です。製造工程における製品の安全に着目する点に特徴があります。たとえば、異物混入などがこれに該当します。

また、**設計上の欠陥**とは、設計・仕様自体が安全性を欠いている場合を指します。設計を変更しない限り、その設計に従って製造された製造物すべてに欠陥があることになります。これは、製造業者にとっては厄介です。「訴訟[*83]」という映画があります。主演は、ジーン・ハックマン。自動車事故で家族を失い、自分自

*82 【製造物責任法3条】製造業者等は、その製造、加工、輸入又は（中略）氏名等の表示をした製造物であって、その引き渡したものの欠陥により他人の生命、身体又は財産を侵害したときは、これによって生じた損害を賠償する責めに任ずる。ただし、その損害が当該製造物についてのみ生じたときは、この限りでない。

*83 1991年公開のアメリカ映画。マイケル・アプテッド監督。敵味方に分かれた父娘の弁護士が争う法廷ドラマ。

身も下半身麻痺となったクライアントのために、市民派弁護士が、最大手の自動車会社アルゴ・モータースを相手に戦いを挑むのです。そしてそこには、企業ぐるみのリコール隠しがあります。日本でも、過去に大手自動車会社の大規模なリコール隠し事件がありました。設計上の欠陥を隠した事例といえます。

さらに、**指示・警告上の欠陥**とは、製造物に残存する事故発生のリスクを防止するのに足りる適切な指示および警告がなされていない場合をいいます。指示・警告とは、たとえば、薬の能書きや、おもちゃの注意書き、タバコの健康被害表示などです。「副作用が出たら直ちに服用を中止してください」、「3歳未満は使用禁止」、「吸いすぎに注意しましょう」。いずれもよく見かけるものですね。

製造業者に重たい責任を課すことによって、私たちの生活の安全が確保されているんだ。

どこまで悪口は許されるのか？

次に、名誉毀損について触れておきましょう。

［憲法21条1項］
集会、結社及び言論、出版その他一切の表現の自由は、これを保障する。

まず、私たちには、憲法上で、**表現の自由**が保障されています。これは、人間の精神活動に関する自由で、憲法の基本的人権の中でも、とくに重要な人権の1つとして数えられています。まず、表現の自由は、表現活動を通じて、人は他人と意見交換をし、自己の人格を発展させることができるという側面（「自己実現」という価値）を有しています。また、国民が表現活動を通じて政治的意思決定に関与するという意味において、民主主義の実現のためにも、表現の自由は不可欠です（「自己統治」という価値）。

しかしこれは、表現活動が絶対的に無制限であることを意味しません。**その対極にある利益の1つとして、他人の「名誉」があります。**表現活動によって他人の名誉が毀損されれば、民事上の責任（損害賠償）や、刑事上の責任（名誉毀損罪[*84]）に問われる可能性があります。

そもそも「名誉」とは何でしょう？ それは、人が、人格的価値について社会から受ける客観的評価のことです。個人だけではなく、法人も名誉を持ちます。ドラマ「フェイクニュース」[*85]では、ある会社の製造するインスタントうどんに青虫が混入していたというつぶやきがネット上で拡散され、大きな事件となります。情報の拡散の速さを持っているこの頃の社会は、私たちにとって有益な情報が瞬時に届く利便性をもたらす半面、無責任で安易なつぶやきが、私たちの名誉を瞬く間に危うくします。

では、どこまでの表現なら許されるのでしょうか？ その際、まず区別しなければならないのは、①**意見や論評**と、②**事実の摘示**です。

まず、「あの映画は、おもしろくない！」といった類は、意見・論評です。そして、これは、合理的であるかどうかを問わず、**人身攻撃のような逸脱したものでない限り、広く責任を問われるべきではありません**。これが規制されてしまったら、私たちは、自分の意見などを自由に言えなくなってしまいます。

これに対して、「あいつには、過去に補導歴がある」といった類は、事実の摘

＊84 **【刑法230条】**①公然と事実を摘示し、人の名誉を毀損した者は、その事実の有無にかかわらず、3年以下の懲役若しくは禁錮又は50万円以下の罰金に処する。②死者の名誉を毀損した者は、虚偽の事実を摘示することによってした場合でなければ、罰しない。
【刑法230条の2】①前条第1項の行為が公共の利害に関する事実に係り、かつ、その目的が専ら公益を図ることにあったと認める場合には、事実の真否を判断し、真実であることの証明があったときは、これを罰しない。②前項の規定の適用については、公訴が提起されるに至っていない人の犯罪行為に関する事実は、公共の利害に関する事実とみなす。③前条第1項の行為が公務員又は公選による公務員の候補者に関す

示です。事実の摘示の公表によって**社会的評価が下がれば、名誉毀損となる可能性があります。**

ただし、事実の摘示であっても、不法行為にならない場合があります。とくに、**その事実に「公共性」があり、また、「公益目的」からなされた摘示であれば、それが「真実」である限り、責任を問われません。**たとえば、公的な存在である政治家が、特定の会社に口利きをしたという記事は、それが真実である限り、国民の知る権利とつながり、表現の自由・報道の自由が保障され、名誉毀損にはならないと考えられます。

また、摘示した事実が「真実」だと証明できなかったとしても、摘示した事実が真実であると信じたことについて過失がないときには、責任は問われません。信頼できるところから情報を入手し、合理的な注意をもって調査・取材・検討した結果、報道したと認められれば、責任を免れることができます。

「表現の自由」と「他人の名誉」が鋭く対立する場面は少なくないよ。

る事実に係る場合には、事実の真否を判断し、真実であることの証明があったときは、これを罰しない。

＊85　NHK総合テレビで2018年10月に放映された全2回の社会派エンタメドラマ。ネットメディアを舞台に、悪質なフェイクニュースに翻弄されるネットユーザーと、メディア側の人間模様を描く。

名誉を毀損したとはいえなくても…

また、名誉を毀損したとはいえなくても、犯罪になる可能性もあります。

たとえば、「**侮辱罪**」です（刑法231条）[*86]。侮辱罪は、名誉毀損罪のような事実の摘示がなくても、公然と他人を侮辱することによって成立する犯罪です。「バカ」、「クズ」、「ゴミ」、「デブ」、「ハゲ」など、他人を誹謗中傷するような表現が、幅広く侮辱罪の対象となります。

なお、近時、SNSの発達によって、私たちが積極的に情報発信できるようになったことと引き換えに、ネット上での誹謗中傷の書込みが社会問題となっていますね。そして、その書き込みが原因で、自ら命を絶つという事件なども後を絶ちません。そのような中で、2022年に、**侮辱罪が厳罰化**されました。これまでは、侮辱罪の場合、拘留または科料という軽い刑罰しかありませんでしたが、改正によって、懲役刑もありうるようになりました。

さらに、「**信用毀損罪**」（刑法233条）[*87]にも触れておきましょう。名誉毀損罪が「名誉」に対する犯罪であるのに対し、信用毀損罪は「信用」に対する犯罪です。ここでいう信用とは、おもに経済的な面での社会的評価を指します。たとえ

＊86 【刑法231条】事実を摘示しなくても、公然と人を侮辱した者は、1年以下の懲役若しくは禁錮若しくは30万円以下の罰金又は拘留若しくは科料に処する。

＊87 【刑法233条】虚偽の風説を流布し、又は偽計を用いて、人の信用を毀損し、又はその業務を妨害した者は、3年以下の懲役又は50万円以下の罰金に処する。

ば、ウソと知りながら、「このお店は、倒産寸前です」などという情報を流した場合、信用毀損罪が成立する可能性があります。

なお、ここで紹介した侮辱罪や信用毀損罪においても、刑事罰とともに、民事上の責任（損害賠償）に問われることは、言うまでもありません。

プライバシー

また、名誉と似ているものとして**プライバシー**があります。プライバシーとは、要は、**自分のプライベートな空間や秘密にしておきたい事柄について、他者から無用な干渉を受けずにいられる権利**のことを意味します。

名誉毀損と同様、プライバシー侵害もまた、許されません。①一般の感受性を基準に判断して、該当者の立場に立ったならば公開を欲しない事柄であって、②一般的にまだ知られていないのに、それを公開してしまって、③その人が不快・不安の念を覚えたという要件が充たされた場合、プライバシー侵害があったということになります。

たとえば、インターネットを使って、「会社の部長○○○が秘書課の△△△と浮気している！」と現場写真つきで投稿してみたり、「今、バイト先に女優◎◎がプライベートで来店中。小籠包食べてる！　けっこう大食い（笑）。」なんて情報を書き込んだ場合、プライバシー侵害になる可能性があります。社会的評価が下がったか否かに関係なく、知られたくない自分の事柄を暴露されてしまったという点がポイントです。

ただしここでも、表現の自由・報道の自由との衝突があります。プライバシーは、他人にとっては知る権利の対象となりえます。社会の正当な関心はどこまでなのかを、慎重に見極める必要があります。

近年は、情報技術が高度に発達しているから、プライバシーも侵害されやすくなっている。

実名報道

名誉毀損やプライバシーと表現の自由の対立は、マスコミにおける関係者の実名報道などにも表れます。実名報道とは、被疑者や被告人の実名を明らかにして、犯罪の事実を報道することです。

もちろん、報道機関には表現の自由があり、また、国民には知る権利があります。しかし、実名報道があれば、周囲は、その人を犯罪者として見るようになり、裁判で決着がつく前から、犯罪者であるかのように扱われ、会社を解雇されるかもしれません。しっかりと反省してやり直そうと思っていても、嫌がらせを受けることもあります。それを避けて引っ越しをしても、次の転居先でバレて、また引っ越しをするなど、居場所がなくなる場合もあります。実名報道された家族も、犯罪者の家族として、社会の中でさまざまな差別を受ける恐れがあります。

なお、少年事件の場合、少年法61条[*88]により、基本的に、**罪を犯した少年の個人情報を報道してはいけない**こととなっています。しかし、時として「実名報道せよ」という世論が噴出します。また、この条文には罰則がありませんので、実名報道をしてしまうケースも散見されます。

私たちにとって必要な情報は何か、冷静に考える必要があるよ。

＊88 【少年法61条】家庭裁判所の審判に付された少年又は少年のとき犯した罪により公訴を提起された者については、氏名、年齢、職業、住居、容ぼう等によりその者が当該事件の本人であることを推知することができるような記事又は写真を新聞紙その他の出版物に掲載してはならない。

さらに深掘り！　読書案内

三井誠＝瀬川晃＝北川佳世子編著『入門刑事法〔第8版〕』（有斐閣、２０２２年）
山口厚『刑法入門』（岩波新書、２００８年）
亀石倫子＝新田匡央『刑事弁護人』（講談社現代新書、２０１９年）
弘中惇一郎『無罪請負人――刑事弁護とは何か？』（ＫＡＤＯＫＡＷＡ、２０１４年）
井田良＝太田達也編著『いま死刑制度を考える』（慶応義塾大学出版会、２０１４年）
佐藤直樹『刑法39条はもういらない』（青弓社、２００６年）
山田隆司『名誉毀損――表現の自由をめぐる攻防』（岩波新書、２００９年）
高山文彦編著『少年犯罪実名報道』（文春新書、２００２年）
瀬木比呂志『民事裁判入門――裁判官は何を見ているのか』（講談社現代新書、２０１９年）
瀬木比呂志『ニッポンの裁判』（講談社現代新書、２０１５年）
河上正二『新ブリッジブック 消費者法案内』（信山社、２０２２年）
日本弁護士連合会消費者問題対策委員会『狙われる18歳!?――消費者被害から身を守る18のＱ＆Ａ』（岩波ブックレット、２０２１年）
村千鶴子『消費者はなぜだまされるのか――弁護士が見た悪質商法』（平凡社新書、２００４年）
マイケル・サンデル『これからの「正義」の話をしよう――いまを生き延びるための哲学』（早川書房、２０１１年）
元榮太一郎『刑事と民事――こっそり知りたい裁判・法律の超基礎知識』（幻冬舎新書、２００８年）
打越さく良＝佐藤倫子編著『司法の現場で働きたい！』（岩波ジュニア新書、２０１８年）
読売新聞社会部『ドキュメント 裁判官――人が人をどう裁くのか』（中公新書、２００２年）
読売新聞社会部『ドキュメント弁護士――法と現実のはざまで』（中公新書、２０００年）

第4章

それでも家を買いますか？

——居住と法

プロローグ

本章のテーマは、**居住**です。私たちは、生きていくにあたって、どこかに居住スペースを確保しなければなりません。寝たり、食べたり、お風呂に入ったり、家族で団らんしたり、勉強したり、お客さんを招いたり……。仕事、学校、遊びに行っても、結局、家に帰ってくる。生活の拠点として、居住環境を持つのです。居住環境の安定は、生活の安定に直結します。

また、**居住が確保されていることは、ただ住むというだけではなく、市民としての生活を送るうえで不可欠**です。住所不定だと、就職をするときに相当な困難を伴います。健康保険に加入できませんし、選挙の投票もできません。行政サービスや公的な証明（住民票[*89]、印鑑登録証明書[*90]など）を受けることもできません。

では、居住と法は、どのようにつながっているのでしょうか？　また、居住に関する社会問題に、法はどのように向き合っているのでしょうか？

＊89　市区町村の住民について、個人単位で、住所・氏名・生年月日・性別・世帯主との関係・本籍などの事項を記載、または磁気ディスクに記録した公的証明書。

＊90　その印鑑が登録されたものであることを公的に証明するもの。登録された印鑑と印鑑証明書があれば、間違いなく本人の意思表示であるとされることから、不動産売買契約書作成などの重要な手続きに使われる。

1 家を買うという選択

どこにでも住めるという自由

まず、憲法の条文からスタートしましょう。基本的人権の1つとして、居住・移転の自由に関する規定が明記されています。

〔憲法22条1項〕
何人も、公共の福祉に反しない限り、居住、移転及び職業選択の自由を有する。

要は、職業を自由に選べるとともに、誰でも、どこに住むか、どこに住み移るかの自由があるのです。あれ？　なぜ、「職業選択の自由」と「居住・移転の自由」が同じ条文に書かれているのでしょうか？

これは、「封建制から民衆を経済面で解放する」という意味が込められています。封建時代には、身分制度が存在し、民衆の職業や居住は固定されていました。しかし日本国憲法では、それを否定し、職業選択の自由を保障するとともに、その不可欠の前提をなす居住・移転の自由も、同時に保障しているのです。すなわち、私たちには、**どこで働くかなど、自分の経済活動を維持・発展させることに対する自由が与えられるとともに、その前提として、好きな所に住める自由も与えられている**のです。そのような意味において、居住・移転の自由には、「経済的自由」としての側面があります。

ただし、居住・移転の自由は、それ以外の側面も併せ持っている点には留意が必要です。すなわち、**いろいろな所に住んで多くの人と関わる自由を保障する**という側面（いわゆる、「精神的自由」の側面）や、**身体を拘束されずに、自分の移動したい所に移動できる自由を保障する**という側面（いわゆる、「人身の自由」の側面）などです。したがって、居住・移転の自由の限界を論じるうえでも、そのような多面的な性質を持っていることを前提として、検討されなければなりません。

ちなみに、居住・移転の自由が制約される例としては、犯罪をした者の刑務所への拘禁（こうきん）、感染症に伴う強制的な入院や隔離措置、親権者が子に対して行う居所指定、特別な職務を行わなければならない公務員（警察官や自衛隊員）などが挙げられます。

居住・移転の自由は、資本主義の前提であるだけでなく、複合的な性格を持っているね。

「家を買う」のはギャンブル？

さて、私たちに居住・移転の自由が与えられているとしても、それは、国が私たちの居住空間について世話してくれることを意味しません。私たちは、自分の選択と努力で、居住空間を確保しなければなりません。では、私たちが居住環境を手に入れるために、どのような選択肢が与えられているのでしょうか？　大きく言えば、「家を買う」または、「家を借りる」かの2つです。もちろん、新築なのか中古なのか、一軒家（いわゆる戸建て）なのかマンションなのか、民間の物件なのか公営住宅なのか、さまざまです。ただ、大雑把に言えば、買うか借りるか、ということになります。

ところで、**日本では以前から、「家を買う」という選択をする人が多い**傾向にあります。総務省の統計（令和2年社会生活統計指標）によると、2018年時点での日本全国の持ち家比率は約61％です。ただ、土地・建物は、とても高価な財産ですよね。相当の富裕層でない限り、一生に一度の大きな買い物。30年以上の住宅ローンを組んで、やっと手に入れるなんて人も少なくないでしょう。もちろん、一度購入したら、相当期間そこに拘束されます。気軽にポンポン買い替えるなんてできません。それなのに、今や、社会の流れが速く、将来のことが読みにくい時代です。あとから考えると、「別の物件を買えばよかった」とか、「買い時を間違えた」とか後悔することもあるようです。**家を買うというのは、借りるのに比べて投資額が大きく、少しばかりリスクが高い**、一種の「賭け」のようなものかもしれません。

1991年に「それでも家を買いました」[*91]というドラマが放送されました。三上博史と田中美佐子が主演。職場結婚した山村夫妻は、神奈川県で社宅暮らしをしていたのですが、社宅内ですぐに広がる噂や社宅の規則に嫌気がさして、マイホームを探し始めます。時代は、まさにバブル期。住宅価格は異常なまでに高

*91　1991年放送のTBS系ドラマ。狂乱の地価高騰時代にマイホーム獲得を目指す、夫婦の戦いの記録。矢崎葉子による同名ノンフィクションが原作。

矢崎葉子『それでも家を買いました』太田出版

騰していきます。ターゲットは、当初希望していた都心から、だんだんと田舎に移っていきます。それでも、なかなかうまくいきません。マンションの見学会や抽選会に足繁く通っても、ことごとく外れてしまいます。そして最終回。やっとの思いで手に入れたマイホームは、通勤時間が2時間くらいかかる所。――さて、あれから30年近く経ちました。今、山村夫妻は、どのような生活を、どんな気持ちで送っているのでしょうか。

居住・移転にはリスクも伴うね。自由と責任は、いつも表裏の関係にあるよ。

持ち家政策

先ほど、日本では持ち家比率が高いということを紹介しましたが、なぜ、「家を借りる」のではなく、「家を買う」のでしょうか？　これは、戦後の日本の住宅政策と無関係ではありません。というよりも、強く関係しています。

敗戦によって日本が焼け野原になったときに、政府の住宅政策の出発点にあったのは、「国民は、自力で住宅を建てて、自分の居住を確保する」ということでした。戦前は借家が大半を占め、戦後は住宅難に陥る人が多く、その解消が目的でした（住宅総数が総世帯数を上回ったのは１９５５年以降）。１９５０年代以降、**住宅金融公庫（当時）による長期・低利融資と、日本住宅公団（当時）による分譲住宅の供給**によって、持ち家取得への積極的な支援が行われました。１９７０年代以降は、景気が落ち込むたびに、住宅建築が景気回復のための手段としても用いられてきました。１９９０年代以降は、政府の住宅政策自体は徐々に縮小しますが、それでも、市場経済による持ち家促進は継続しました。

　他方、「借りる」ことへの支援は、相対的に小さい規模にとどまりました。公営住宅は必要最小限しか準備されず、あくまで補充的な役割にすぎませんでした。民間の賃貸住宅の建設を促進するような政策もほとんどとられず、良質な賃貸物件の市場は、いまだに十分に育っていません。だからこそ、市民は、自然と、「夢のマイホームを持つこと」へと誘われていったと言っていいと思います。

　ところで、今の日本の状況はどうでしょうか。大きな経済成長期を終え、人口減少局面の真っ只中にいます。また、消費者側にも変化が見られます。日本では今まで、「結婚を機に家を買う」というように、「家を持つこと」と「家庭を持つこと」が密接な関係を持っていたところ、**晩婚化・未婚化の進行は、持ち家率を減少させます。**非正規雇用の増大などによる先の人生の見通しの悪さも、住宅購入を思いとどまらせる要因になっています。今や、需要と供給が逆転しています。住宅の空き家率は上昇を続け、2018年には13・6%と過去最高を記録しています。近い将来、20%を超えるという民間推計もあります。持ち家政策は、まさに転換期を迎えているように感じます。

人口が減っている。
空き家率が増えている。
でも住宅が増えている。
ん？　何か変だぞ！

総住宅数、空き家率の推移

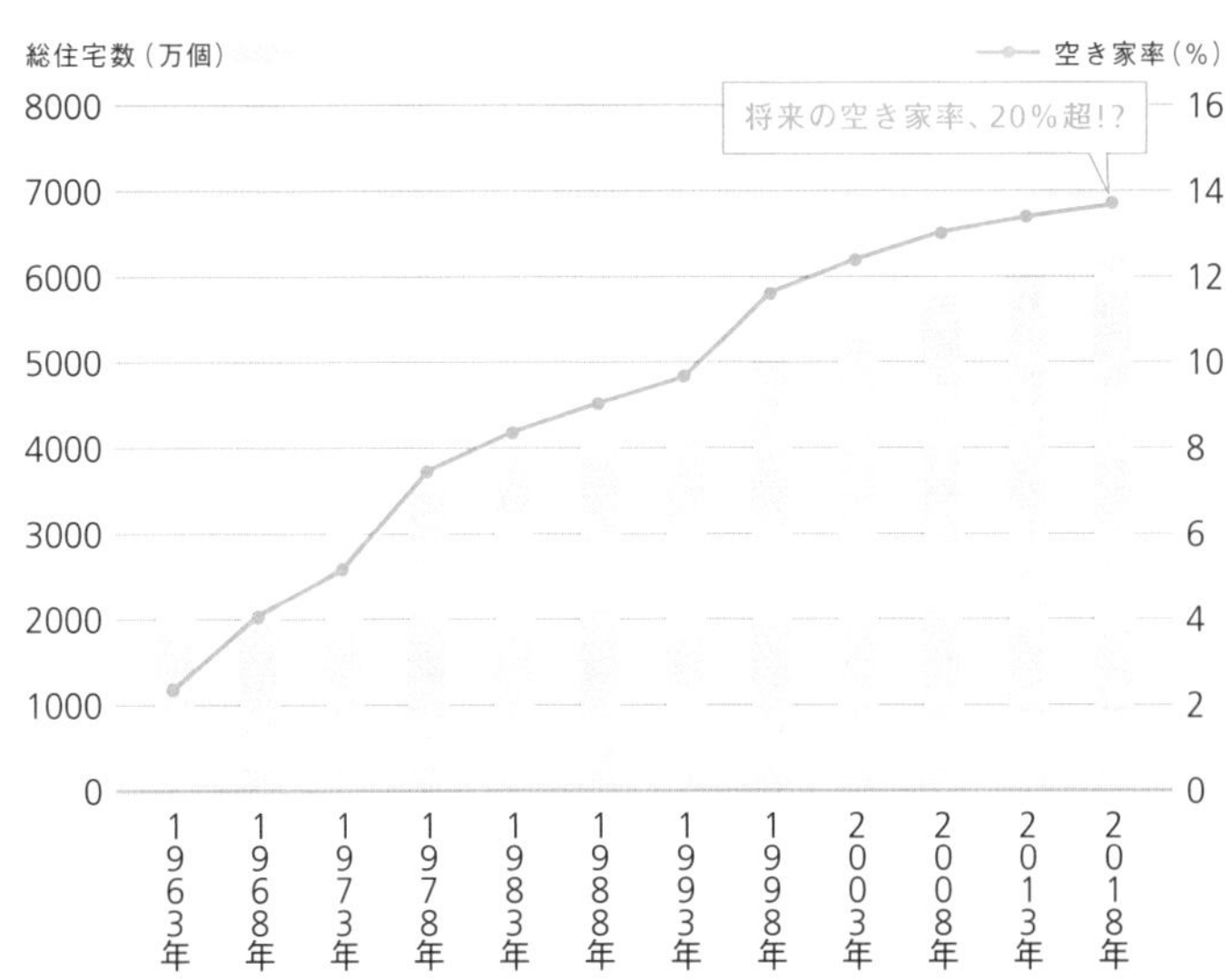

総務省統計局「平成30年度住宅・土地統計調査」を基に作成

ここは誰の家？

マイホームを購入したら、それが新築であれ中古であれ、通常、法務局で**不動産登記**をします。不動産登記とは、私たちの大切な財産である土地や建物について、どのような土地・建物がどこにあり、どの程度の広さで、誰が権利を持っているのかなどの情報を記録するものです。不動産登記については、すでに、122ページで触れましたが、登記の具体的な内容についてもう少し詳しく触れておきましょう。

現在の不動産登記制度は、明治初期の地租改正の時まで遡ります。かつては、土地台帳・家屋台帳および地図の管理は税務署で行っていましたが、やがて台帳と登記の一元管理が実現して、法務省の所管となり、法務局で取り扱われるようになっています。

不動産登記は、国や自治体が税金を徴収するためだけではなく、**誰が見ても分かるようになっているため、不動産に対する市民の権利が保全され、また、市民相互間における不動産取引の安全にも役立っています。**

〔不動産登記法1条〕
この法律は、不動産の表示及び不動産に関する権利を公示するための登記に関する制度について定めることにより、国民の権利の保全を図り、もって取引の安全と円滑に資することを目的とする。

下の写真は、登記事項証明書（いわゆる、登記簿謄本）の例です。登記は、1筆の土地または1個の建物ごとに記録されています。

そして、大きく、①**表題部**、②**権利部**（甲区）、③**権利部**（乙区）の3つから構成されていることが分かります。

まず、①には、「どんな土地や建物か」が分かるような情報が記録されています。すな

登記事項証明書（登記簿謄本）を見てみよう

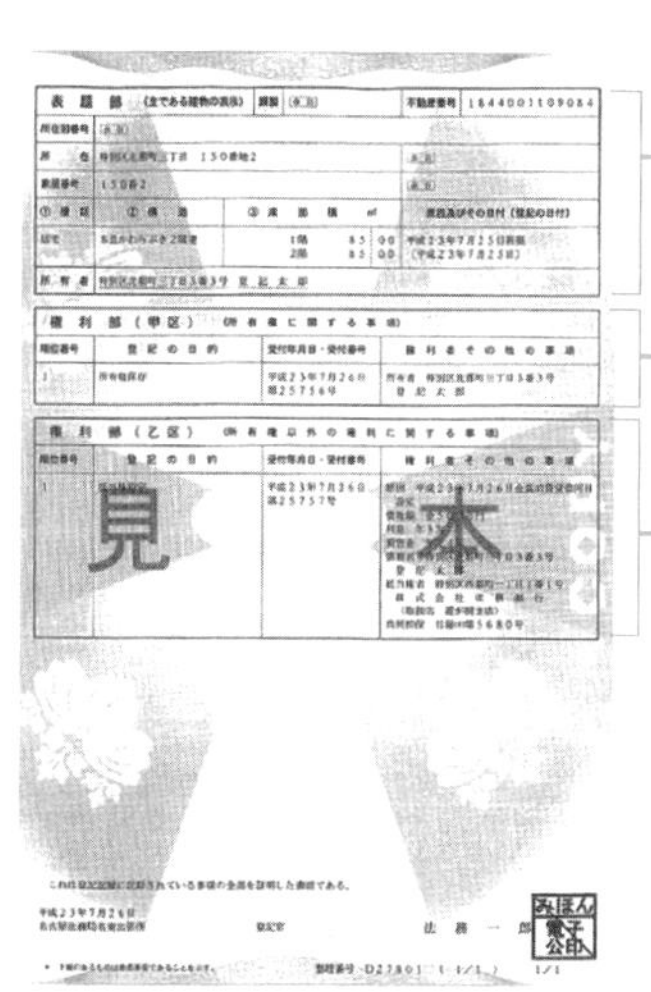

①表題部
＝「どんな土地・建物なのか」がわかる基本情報。

②権利部（甲区）
＝現在の所有者がわかる。
最新情報が知りたいなら最下部を見る。

③権利部（乙区）
＝②以外の権利がわかる。
例：担保権（抵当権、根抵当権、質権など）、用益権（地上権、賃借権など）

そもそもどんなもの？

- 土地や建物の所有者をはっきりさせるものに登記を行う。
- 登記事項証明書は、該当する土地の所有者はもちろん、だれでも取得することができる。
- 法務局での申請が必要。オンラインでも申請ができる。

法務省HPを基に作成

わち、土地であれば、所在、地番、地目、地積などが記録され、また、建物であれば、所在、地番、家屋番号、種類、構造、床面積などが記録されています。

他方、②および③には、「誰のどんな権利が、その土地・建物上にあるのか（あったのか）」が分かるような情報が記録されています。②において、所有権に関する事項（所有権の取得や移転など）が、③において、所有権以外の権利に関する事項（抵当権の設定など）が記載されています。

不動産登記は、その不動産の履歴書のようなものだね。

「司法書士」という法律家

ところで、読者のみなさんは、「司法書士」という存在をご存じですか？「弁護士」は、ドラマや映画でたびたび登場しますから、馴染みがあるかもしれませんが、司法書士となると、少し知名度が低いかもしれません。しかし、**司法書士は、不動産登記の手続をするために欠かせない、法律のプロです。**

たとえば、中古不動産の売買、相続、贈与、離婚に伴う財産分与などの際に、所有権移転登記がなされますが、その際の手続代行は司法書士の仕事です。また、所有者が建物を取得するための資金を銀行などから借り入れる（いわゆる、住宅ローンを組む）場合には、通常、抵当権の設定がなされます。この抵当権設定登記手続も司法書士が代行します。すなわち、登記のうち、権利に関する登記は、全般的に、司法書士が担っているのです。

ちなみに、新築のマイホームを購入する場合、そもそも、新築建物には、まだ登記がありません。その場合、まずは、表題部への登記を行い、家屋番号を得ます。この時の登記手続は、土地家屋調査士という、別の専門家が行います。しかしその後に、その住宅の所有者が誰であるかの登記を行う場面（所有権設定登記）では、やはり、手続は、司法書士が代行します。

余談ですが、司法書士は、不動産登記手続の代行のみを仕事にしているわけではありません。たとえば、会社を設立する際に必要な書類を作成したり、判断能力が低下してしまった人の財産管理や身上監護（しんじょうかんご）を行ったり、お金を払わなければならないのに、債権者が受け取りを拒んでいて、支払いができずに困っている人がいる場合に、供託所（きょうたくじょ）*92にそれを納める手続をしたりします。さらに、比較的少

*92 法務局、地方法務局とその支局、法務大臣が指定する出張所などのこと。供託とは、ごく簡単に言うと、金銭などを、国家機関である供託所に預ける仕組みのことをいう。一般的に、法務局・地方法務局またはそれらの支局が、供託所としての役割を担っている。供託をすることができるのは、法律で定められた場合に限定されているが、たとえば、大家が家賃の値上げを一方的に請求してきたときに、それに応じたくない賃借人が、今までの家賃であれば支払う意思があることを示すために、今までの家賃相当額を供託するケースなどがあげられる。この場合、供託することで、「支払ったこと」と同じ効果になる。

額である簡易裁判所において、訴訟を代理する場合もあります。

そんな司法書士の活躍に触れたければ、『奮闘！びったれ』[*93]というマンガがあります。田中圭主演でドラマ化され、その後に映画化もされています。元極道でシングルファーザーの司法書士が、専門家としての法的知識と、裏街道を歩いてきた凄みを武器にして活躍します。――おそらく、こんな司法書士は、リアルの世界にはいません（いないはずです。たぶん）が、司法書士業務の雰囲気は十分に伝わります。

司法書士は、一般民事や労働問題なども扱っている「街の法律家」だよ。

登記がなされなかったら…

「不動産登記手続なんて、想像するだけで、面倒くさそう……」と感じる読者の方へ。ええ、否定しません。たしかに手続は、（司法書士などに任せるとしても）いろいろと面倒ですし、そもそも、税金や委託手数料などのお金がかかります。

＊93 「びったれ」とは広島弁で小心者の意。本作の舞台が司法書士の世界であるのに対し、同じ田島隆原作の漫画『カバチタレ！』（青木雄二（監修）東風孝広（漫画）、講談社）は行政書士の活躍を描いた作品。

田島隆（原作）高橋昌大（作画）『奮闘！びったれ』秋田書店

2015年に、「びったれ!!!」としてドラマ化・映画化。

©田島隆・高橋昌大（別冊ヤングチャンピオン）2013／2014「びったれ!!!」製作委員会

しかし、不動産登記をすることはやはり大切です。

たとえば、BさんがAさんから不動産を譲り受けた場合、AさんからBさんへの移転登記をするかどうかは、A・B間の「私的自治」（107ページ参照）に委ねられています。仮に登記がなされなくても、Bさんは、少なくともAさんとの関係においては、不動産の権利（所有権）を取得するのです。要は、「移転登記は、したかったらどうぞ〜」というスタンスです。

しかし、これは、Aさん以外の人に対しても、Bさんが不動産の権利を取得したと主張できることを意味しません。民法にこんな規定があります。

［民法177条］
不動産に関する物権の得喪（とくそう）及び変更は、不動産登記法（中略）その他の登記に関する法律の定めるところに従いその登記をしなければ、第三者に対抗することができない。

この条文により、**Bさんが登記の移転手続をしない限り、誰に対しても主張することができるような確定的な所有権を取得できない**のです。「お金を貯めて、やっとマイホームを購入し、代金も全額払ったのだけれど、登記手続をしようと思ったら、いつの間にか名義が別の人になっていた！調べてみたら、私が登記を移す前に、お金に困った売主が不動産を二重に売却して、別の買主に登記を移転してしまったらしい！」なんてことも、ありうるのです。この場合、不動産の所有権は第二買主（Cさん）に帰属し、もはや、第一買主（Bさん）は不動産の所有権を取得できません。

また、不動産登記がなされないことによって、社会的な問題（所有者不明土地問題など）が生ずる可能性があること、そしてそのため、相続登記は義務化されることについては、122ページですでに説明したとおりです。

登記を怠ることはトラブルのタネ！

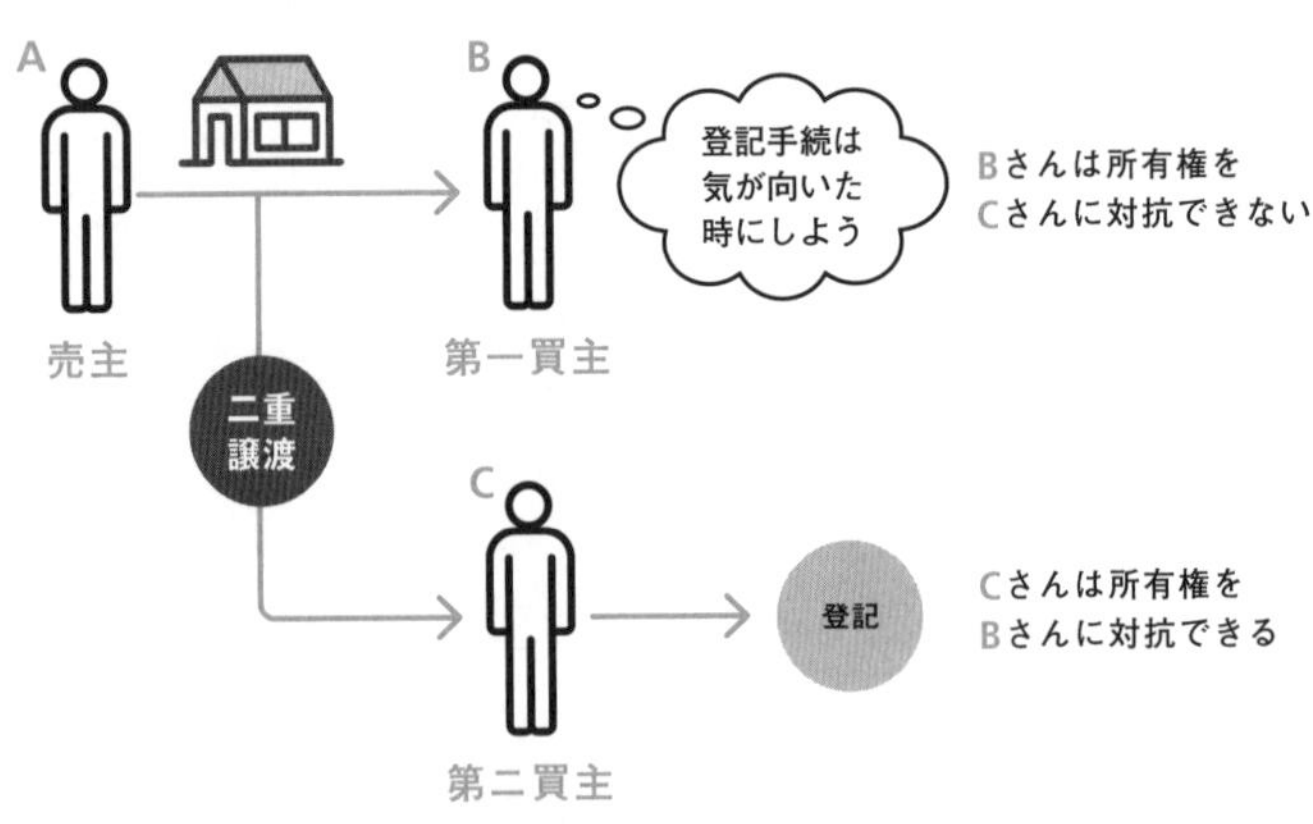

不動産の所有権は、先に契約をしたBさんではなく
先に移転登記をしたCさんに帰属する

登記には手間もお金もかかるけれど、時期に遅れずに適切な登記をしなきゃね。

地面師出現！（不動産詐欺）

読者のみなさんは、「地面師」をご存じでしょうか？　少し前に、大手住宅メーカーが、いわゆる「地面師」による詐欺によって、50億円を超える被害に遭うという事件がありました。また、それほど大きな額でなくても、とくに不動産価値が高騰するときには、地面師による詐欺事件が目立つようになります。

地面師とは、簡単に言えば、他人の土地や建物を自分の物であるように装って、第三者に売却するなどして売買代金を騙し取る詐欺師のことです。不動産を買って大金を支払ったら、じつは、売主はニセモノで、お金は持ち逃げされる……。不動産のプロでも騙されるようです。詐欺の手口はさまざまですから、一般化することはできないのですが、たとえば、こんなイメージです。

【事例】

Xさんは、東京都杉並区に100坪ほどの土地と建物を所有していました。しかし、Xさんは高齢であり、また配偶者に先立たれたため、そこに住んでおらず、山口県にある長男夫婦の家に身を寄せていました。そのため、杉並区のその不動産は、長い間、人が住みつかず、しっかりと管理されていない状態になっていました。

そのような折、詐欺グループの1人であるY1が、Xさんの物件に目をつけ、Xさんの情報をあらゆる手段でかき集めました。そして、手配師Y2首謀のもとで、Xさんに年齢や体格が似ているY3をニセの地主役として仕立てました。その後、Y3は、Xさんを演じます。買主との顔合わせでも本人になりすましました。

結局、この不動産は、仲介業者である会社Y4を経由したうえで、買主Zさんに転売されました。以前からこの不動産を欲しいと思っていたZさんは、売買代金1億5000万円を、直ちに、Y4の提携している弁護士Y5が開設している預金口座に振り込みました。Zさんは、登記がXさんから移転してY4名義になっており、Y4と売買の打ち合わせをした際に、Y5も同席していたことから、自分が詐欺事件に巻き込まれているなど、まったく疑いませんでした。

しかし、後日、Xさんの被害届を受けて詐欺が発覚しました。Zさんが振り込んだ1億5000万円はすでに払い戻されていて、どこに行ってしまったのか分かりません。

不動産詐欺の場合、グループで詐欺を行うことも少なくありません。もちろん、犯罪が発覚すれば、犯罪をしたすべての者に刑罰が科されますが、どこまでが詐欺グループなのか、判別できないケースもあります。事件が明るみに出ると、みんな、「私も騙された！」と言うのです。また、近年は、実印や運転免許証など、いろいろなものの偽造が簡単にできる時代です。Xさんに落ち度がなくても、いつの間にか登記が移転されているなんてこともあります。

ところで、信じ切っていたZさんは、保護されないのでしょうか。結論からいうと、残念ながら、基本的には（＝Xさんに帰責性が認められない限り）保護されません。いくらZさんが気の毒でも、権利のない人から権利を承継することはできないのです。ですから、Xさんから不動産を返すように求められた場合、Zさんは、原則として、それを断ることはできません。仕方なく詐欺グループから売買代金を取り返そうとしても、すでに、そのお金はどこかに消えています。

「不動産登記がちゃんとされているから大丈夫」と信頼して取引しても、保護されないんだ。

2 マンションと区分所有

ニュータウン

次に、「家を買う」という中でも、とくに、分譲マンションについて触れておきましょう。『ニュータウンは黄昏(たそが)れて』[*94]をご存じですか？　バブル崩壊前に都心から電車で1時間の分譲マンションを購入したものの、「ニュータウン」ともてはやされたのは遥か昔。今や、築30年を超えて建て替え問題が浮上します。住まいに翻弄される家族を描いた長編小説です。内容には深く踏み込みませんが、「バブル期は新築より中古が4割高かった」、「当時の高金利の住宅ローンが借り換えられない」、「ニュータウンを出て戸建てを買った人は狭小住宅」など、リアルな問題が描かれています。

ところで、小説の舞台となる「分譲マンション」という建物。これは、法的にどのような存在なのでしょうか？　総じて、分譲マンションには、1棟の建物に

＊94　日本の住宅事情の現実がシビアに描かれた社会派小説。マンション購入検討中の人にもおすすめ。

垣谷美雨『ニュータウンは黄昏れて』新潮文庫

いくつもの所有者が共存しています。これは、1つの不動産（物）の上に1つの所有権（物権）のみが成立するという原則形態（専門的に、「一物一権主義」といいます）に馴染みません。そこで、**建物の区分所有等に関する法律**（区分所有法）という特別な法律によって、通常の所有権とは異なる、**区分所有権**という概念が用意されています。

建物区分所有権は、一物一権主義の例外だね。

マンションと所有権

区分所有建物は、大きく、「専有部分」と「共用部分」に分けることができます（区分所有法2条）。**専有部分**とは、区分所有権の対象となる部分です。この部分は、構造上・機能上の独立性があり、区分所有者が独占的に使えます。これに対して、**共用部分**とは、区分所有者がみんなで使う部分であり、たとえば、廊下、エレベーター、駐輪場、ごみ捨て場などが該当します。

では、マンションの管理はどうするのでしょうか？　たとえば、共用部分のエレベーターが壊れたら修理をしなければなりませんし、駐輪場やごみ捨て場の利用方法を決めたりする必要があるかもしれません。その際に、もし戸建てであれば、自由に自分の意思で決定することができますが、分譲マンションの場合には、複数（多数）の人が同じ敷地・建物内で一緒に住んでいるのですから、**団体の意思決定**が必要です。

この点、区分所有法3条前段によると、「区分所有者は、全員で、建物並びにその敷地及び附属施設の管理を行うための団体を構成し、この法律の定めるところにより、集会を開き、規約を定め、及び管理者を置くことができる」となっています。ここでいう団体の

日本でも最大級の面積を誇る多摩ニュータウン。　写真提供：ピクスタ gandhi / PIXTA

ことを、**マンション管理組合**といいます。また、区分所有者全員による会議であって、管理に関する重要事項を決定するための最高意思決定機関を、**総会（集会）**といいます。

興味深いのは、総会では、自分は賛成でも、必要な数の賛成がなければ、決議されませんし、反対に、自分が反対でも、必要な数の賛成があれば、決議されてしまうという点です。所有者でも、**自分の思い通りにならない場合もある**のです。

区分所有権は、独占的な支配が可能な所有権とは異なる権利だね。

COLUMN

総会（集会）での意思決定

区分所有法では、総会での決議について、いろいろなルールが規定されています。総会には、大きく、通常は年1回行われる「通常総会」と、必要な場合に招集される「臨時総会」があります。また、総会での決議方法として、日常的な管理運営事項に関する「普通決議」と、区分所有者全体に大きな影響を与える事項に関する「特別決議」があります。普通決議は、総会出席区分所有者の人数と議決権を基準として、過半数の同意で決議されます。これに対し、特別決議は、全区分所有者の人数と議決権を基準とし、4分の3以上の多数や5分の4以上の多数によって決議されます。重要な事項であるため、それだけ手続も厳格です。

普通決議の例としては、役員の選任・解任、管理費などの決定・変更などがあります。他方、特別決議の例としては、管理組合法人の成立（4分の3以上）、共用部分の変更（4分の3以上）、規約の設定・変更・廃止（4分の3以上）、建物が大規模滅失した場合の建物の復旧（4分の3以上）、建物の建て替え（5分の4以上）などが挙げられます。

がんばれ！ マンション管理組合

では、マンション管理組合の実態はどうでしょうか。住人が1～2年ごとの輪番制で役員をやり、マンション管理に関して、知識も経験も意欲もない場合が少なくないように思います。実際は、委託している管理会社に丸投げ状態です。住人は、言われるがまま管理会社に管理費を支払っている場合が多く、管理も事務的で、他人事のような状態になっているところが少なくありません。

しかし、管理会社は、本当に適切な管理をしてくれているのでしょうか？　不必要なところにお金が使われていませんか？　まだ、マンションが新しいうちはよいのですが、老朽化が進んだときに、修繕をしなければなりません。修繕のための積立金は十分でしょうか？　十分でなければ、一時金などで増額しなければなりません。その際に住人の合意がなされなければ、大慌てになります。

今、人口が減少しているにもかかわらず、分譲マンションのストック戸数は、増加の一途を辿っています。最近はとくに、高層マンション（いわゆる、タワマン）ブームです。しかし、今はピカピカのタワマンだって、やがて修繕が必要となります。そして、年数が経過すればするほど、その修繕は大規模のもの

老朽化する分譲マンション数

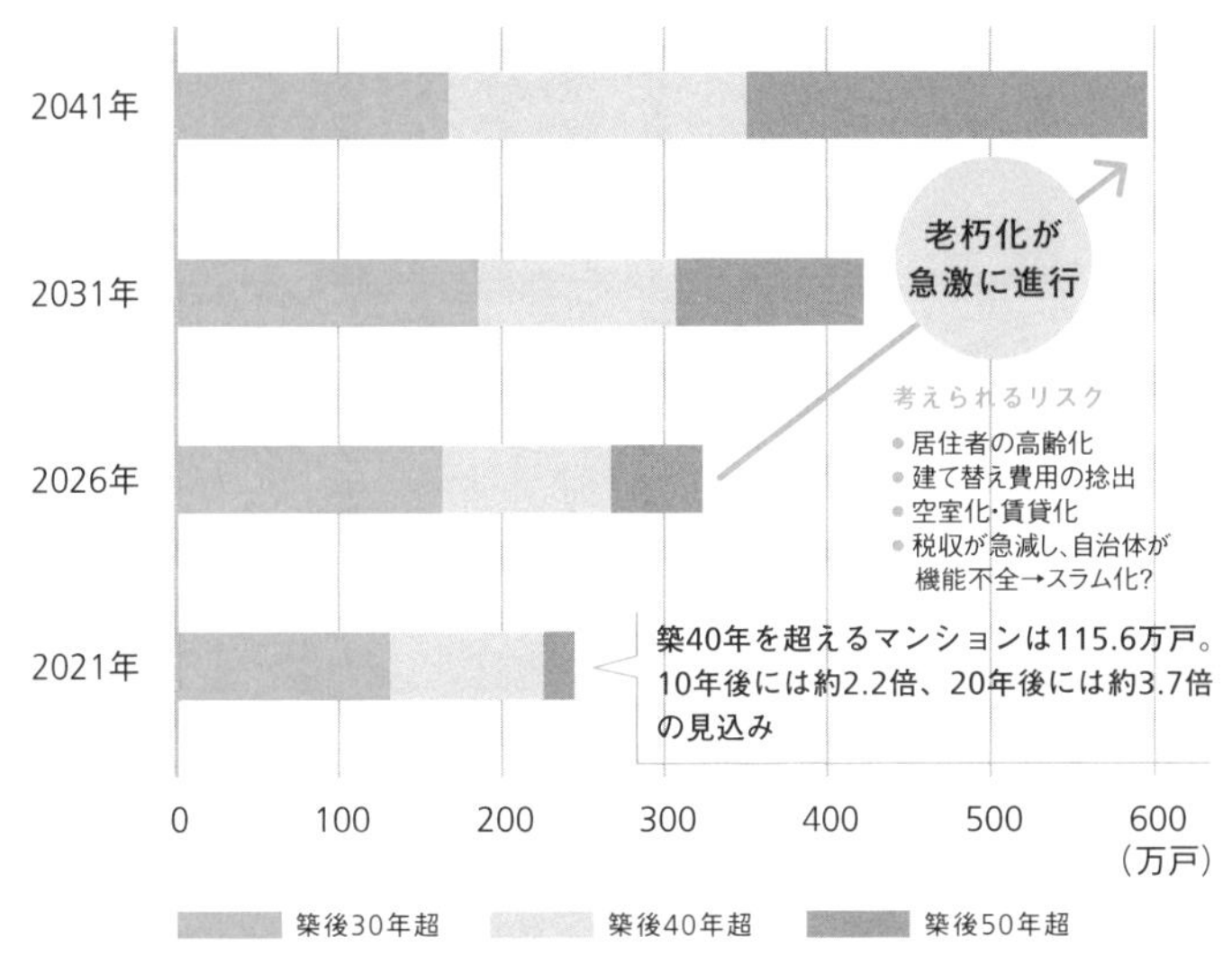

国土交通省「築後30年・40年・50年超の分譲マンション数（2021年末現在）」を基に作成

となります。先ほど紹介した小説『ニュータウンは黄昏れて』では、住民同士のエゴの渦の中で、意思形成がいかに大変なのかという描写がたくさん出てくるのですが、タワマンは、もっと修繕費用が必要になってくるかもしれません。合意ができなければ、マンションは管理不全に陥り、スラム化することだって考えられるのです。**分譲マンション版の「所有者不明」や「空き家」問題というシナリオ**だって、容易に想像できます。そしてそれは、戸建てよりも一層、周囲に与える影響は大きくなるでしょう。

では、どうすればよいのでしょうか。マンション管理組合を通じて、自分の住んでいるマンションに潜む将来的なリスクなどの情報を共有し、**マンション管理を日頃から自律的に行う**しかないように思います。マンションは、コストや安全面で戸建てより優位性があると言われていますが、そのぶん、住人みんなの意思疎通を継続して行っていくことが必要です。

マンションの自治を促進することが大切だ。
法整備も必要かもしれないなぁ。

3 家を借りるという選択

もし家を借りたなら…

ここまで、「家を買う」という選択肢について説明してきましたが、次に、もう1つの選択肢である「家を借りる」ということを考えていきましょう。

家を借りることは、**賃貸借契約**という契約を締結することを意味します。賃貸借契約には、たとえば、レンタカー、レンタルＤＶＤ、貸衣装、貸金庫など、さまざまな例があります。中でも、家の賃貸借は、居住空間を確保するという意味において、私たちの生活にとても重要な契約類型です。

［民法601条］
賃貸借は、当事者の一方がある物の使用及び収益を相手方にさせることを約し、相手方がこれに対してその賃料を支払うこと及び引渡しを受け

た物を契約が終了したときに返還することを約することによって、その効力を生ずる。

家を借りる際には、不動産会社が仲介に入る場合も少なくありません。不動産会社には、たとえば左ページのような物件ごとの広告がたくさん掲示されていますね。借主は、自分に合う物件をそこから選んで契約をするのです。

ちなみに、仲介などを行う不動産屋さんには、賃貸借契約を締結するまでの間に、**入居予定者に対して重要事項の説明をしなければならない義務**があります。**宅地建物取引業法**（たくちたてもの）という法律に書かれています。具体的な重要事項としては、たとえば、当該物件の名称・所在地・室番号・床面積・種類及び構造、登記簿の記載事項、電気・水道・ガスなどの設備状況、土地の形状、アスベストと耐震についての記載、敷金・礼金・違約金などです。借主は、その説明を受けた後に、物件を借りるかどうか最終的な決定をします。

不動産会社が仲介する場合、宅地建物取引士が書面を交付して重要事項を説明するんだ。

＊95 訳あり物件を題材に、誰にでも起こりうる問題を描いた賃貸ミステリー。

松岡圭祐『瑕疵借り』講談社文庫

訳あり物件

『瑕疵（かし）借り』[※95]という小説があります。不動産屋からの依頼により瑕疵物件（いわゆる、訳あり物件）に住み込むことを業としている主人公・藤崎が、訳あり物件になったさまざまな原因・理由に切り込んでいく短編小説です。小説の中では、原発関連死、賃借人失踪、謎の自殺、家族の不審死など、いろいろな「訳あり」の原因が登場します。大家さんは、借り手がつかなくなってしまうのを恐れるのですが、他方で、「訳あり」を説明しないで、あとから責任を問われるのも避けたい。そこで、その「訳あり」を洗浄する（＝瑕疵のない物件にみせかける）ために、藤崎に依頼するのですが――。

302号室

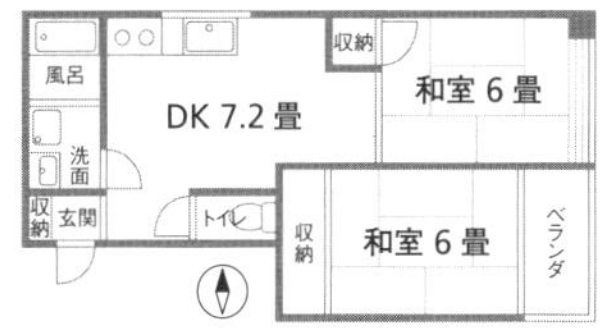

※図面と現況に相違ある場合は、現況優先とします

設備
◎オートロック（TVモニター付き）
◎宅配ロッカー　◎洗浄便座　◎エアコン1基
◎グリル付きシステムキッチン
◎追い焚き機能付きオートバス

物件概要
所在地　東京都◎◎区▲▲1丁目
交　通　●●線■■駅徒歩5分
専有面積　60㎡
間取り　2DK
構　造　鉄骨鉄筋コンクリート造
規　模　6戸（3階建）
竣　工　2000年6月

賃貸条件
賃　料　13万円
敷　金　1ヶ月
礼　金　1ヶ月
管理費　5000円
損害保険　加入が条件（年額1万2000円）
駐車場　無
更新料　新賃料の1ヶ月分
契約期間　2年
入居時期　即入居可
取引有効期限　20××年×月末日まで

○×△不動産
〒000-0000　東京都◎◎区▲▲3丁目0-00
TEL03-0000-0000　FAX03-0000-0000
東京都知事免許（1）第×××号
（公社）東京都宅地建物取引業協会会員　××不動産公正取引協議会加盟
＜仲介＞

では、大家さんは、そのような「訳あり」について、新たにその部屋を借りたい人に、どこまで詳しく告げなければならないのでしょうか？　その半年前に賃借人が部屋の中で自殺した場合はどうでしょう？　自然死だったけれど長期間放置されていた場合は？　同じアパートの2階上の部屋から飛び降り自殺があった場合は？

明確な法律上のルールがあるわけではありませんが、国土交通省から、2021年に、今までの裁判例や取引実務に照らした「宅地建物取引業者による人の死の告知に関するガイドライン」が公表されました。

前の借主の自殺に関する告知は、善良なる管理者の注意（民法644条[*96]）として義務づけられているよ。

敷金って何？

先ほどの広告例をもう一度見てみましょう。その中に、「敷金／1ヶ月」とい

＊96　【民法644条】受任者は、委任の本旨に従い、善良な管理者の注意をもって、委任事務を処理する義務を負う。

う記載があります。ここでいう、**敷金**とは、どのような料金なのでしょうか。

敷金とは、法律で、「いかなる名目によるかを問わず、賃料債務その他の賃貸借に基づいて生ずる賃借人の賃貸人に対する金銭の給付を目的とする債務を担保する目的で、賃借人が賃貸人に交付する金銭」と定義づけられています（民法622条の2[*97]）。簡単に言うと、賃借人が賃料不払いなどをするリスクを考えて、それに備えて賃貸人が、あらかじめ賃借人から一定程度の金銭を預かっておくのです。そして、何か賃借人が借りている物を壊したり、賃料を払わなかったり、契約内容を破って賃貸人に損害が生じたときには、敷金からそれを回収することができるのです。敷金を預かる約束（敷金設定契約）は、してもしなくてもよいのですが、賃貸人にとっては、敷金があったほうが安心です。

ここで重要な点は、**賃借人が賃貸人に損害を与えていなければ、原則として、敷金は、全額返還されるべき金銭である**ということです。敷金の返還をめぐっては、賃貸人と賃借人の言い分が食い違って、以前から頻繁に争われていますが、基本的には返ってくるお金であるということから出発すべきです。

たしかに賃借人は、賃貸人に部屋を返還する際に、**原状回復（修補や損害賠償など）**をしなければなりません。しかし、ここでいう原状回復とは、元の状態に戻

*97 【民法622条の2】①賃貸人は、敷金（いかなる名目によるかを問わず、賃料債務その他の賃貸借に基づいて生ずる賃借人の賃貸人に対する金銭の給付を目的とする債務を担保する目的で、賃借人が賃貸人に交付する金銭をいう。以下この条において同じ。）を受け取っている場合において、次に掲げるときは、賃借人に対し、その受け取った敷金の額から賃貸借に基づいて生じた賃借人の賃貸人に対する金銭の給付を目的とする債務の額を控除した残額を返還しなければならない。
1 賃貸借が終了し、かつ、賃貸物の返還を受けたとき。
2 賃借人が適法に賃借権を譲り渡したとき。
②賃貸人は、賃借人が賃貸借に基づいて生じた金銭の

すことを意味しません。もちろん、賃借人が不注意で壊したなどの場合には、原状回復の対象になります。しかし、通常の使用によって起こる自然損耗分までも、原状回復の対象とはしません。たとえば、寝たばこで畳を焦がしてしまった場合には、損害賠償の対象となり、敷金から差し引かれても仕方ありませんが、普通に住んでいた中で畳がすり減ったとしても、畳の張り替えなどは賃貸人が負担をすべきものなのです。ただ、個別具体的なケースになると、判断が難しいものもあります。

国土交通省から「原状回復をめぐるトラブルとガイドライン」が出されているよ。

更新料って何？

さて、再び211ページの広告例に戻ってみましょう。今度は、「更新料／新賃料の1ヶ月分」という点に注目してください。この**更新料**とは、どのようなも

給付を目的とする債務を履行しないときは、敷金をその債務の弁済に充てることができる。この場合において、賃借人は、賃貸人に対し、敷金をその債務の弁済に充てることを請求することができない。

のでしょうか？　更新料とは、賃貸借契約の期間が満了するにあたって、契約の更新を希望する場合に、賃借人が賃貸人に対して支払う金銭のことをいいます。

では、そもそも、更新料をとることは、法的に認められるのでしょうか？　借主からすれば、「更新料って、なぜ払わなければならないのか？　一方的に借主に不利じゃないか？」と不満に思うかもしれません。消費者契約法10条[*98]によると、消費者の利益を一方的に害する契約条項は無効となることを規定しています。では、更新料の支払条項は、同条に反して無効にならないのでしょうか。

最高裁平成23年7月15日判決は、まず、更新料の意義について、「賃料とともに賃貸人の事業の収益の一部を構成するのが通常であり、その支払により賃借人は円満に物件の使用を継続することができることからすると、更新料は、一般に、賃料の補充ないし前払、賃貸借契約を継続するための対価等の趣旨を含む複合的な性質を有する」としています。簡単に言うと、それなりに意味があり、経済的合理性がないわけではないものと位置づけています。

そして、賃貸借契約書に一義的かつ具体的に記載された更新料条項は、**更新料の額が賃料の額、賃貸借契約が更新される期間等に照らし高額に過ぎるなどの特段の事情がない限り、無効なものとはならない**と示しています。そして具体的に、

＊98【消費者契約法10条】消費者の不作為をもって当該消費者が新たな消費者契約の申込み又はその承諾の意思表示をしたものとみなす条項その他の法令中の公の秩序に関しない規定の適用による場合に比して消費者の権利を制限し又は消費者の義務を加重する消費者契約の条項であって、民法第1条第2項に規定する基本原則に反して消費者の利益を一方的に害するものは、無効とする。

更新期間1年に対する賃料2カ月分相当の更新料の合意についても、有効としています。

有償な契約は、対価性があることが重要だよ。更新料も何かの対価である必要があるんだ。

賃借人保護は必要か？

昔から、借地・借家は、人が居住を確保するために、重要な役割を果たしてきました。たとえば、第二次世界大戦後の都市部では、住宅地の50〜80%が借地、住宅建物の60〜90%が借家であったとの分析があります。他方、賃借人の地位は賃貸人（地主や大家）に比べて大変弱く、特に住宅難の時代に、賃借人にとって不当な契約が強要されていたという事実を見て取ることもできます。このような中で、不動産の賃借人を保護するための法律が定められ、現在の**借地借家法**という法律に至っています。

＊99 【借地借家法6条】前条（筆者注：借地契約の更新請求等）の異議は、借地権設定者及び借地権者（転借地権者を含む。以下この条において同じ。）が土地の使用を必要とする事情のほか、借地に関する従前の経過及び土地の利用状況並びに借地権設定者が土地の明渡しの条件として又は土地の明渡しと引換えに借地権者に対して財産上の給付をする旨の申出をした

現在の借地借家法は、単に賃借人を保護する方向一辺倒というわけではなく、賃借人借地・借家関係の安定的な供給を図りつつ、より多様な借地・借家関係を創造することを目的としています。しかしそれでも、賃借人保護の色彩が強い法律であることに変わりはありません。

一例だけ挙げれば、次のような例を指摘できます。一般的に、契約した期間が満了しても、契約当事者が契約の更新をする合意に至れば、今までの契約を継続することができますが、借地借家法に定める不動産賃貸借の場合、**正当事由が認められない限り、賃貸人の方から更新の拒絶をすることができない**ものとなっています（借地借家法6条、28条[*99]）。簡単に言うと、貸した土地や建物は、正当事由がない限り、貸し続けなければならないルールになっているのです。

これは、賃借権の存続を容易にして、賃借人の居住環境を守っているのです。正当事由は、賃貸人・賃借人双方の事情、今まで賃借人がどのように不動産を使ってきたか、更新されない場合に支払われる立退料などを総合的に考慮して判断されます。

なるほど、これだけ聞くと、借地借家法は、自分の持ち家がない人が居住空間を確保するために重要な、賃借人を保護する法律として位置づけられるかもしれ

場合におけるその申出を考慮して、正当の事由があると認められる場合でなければ、述べることができない。【借地借家法28条】建物の賃貸人による第26条第1項の通知（筆者注：建物賃貸借契約の更新をしない旨の通知等）又は建物の賃貸借の解約の申入れは、建物の賃貸人及び賃借人（転借人を含む。以下この条において同じ。）が建物の使用を必要とする事情のほか、建物の賃貸借に関する従前の経過、建物の利用状況及び建物の現況並びに建物の賃貸人が建物の明渡しの条件として又は建物の明渡しと引換えに建物の賃借人に対して財産上の給付をする旨の申出をした場合におけるその申出を考慮して、正当の事由があると認められる場合でなければ、することができない。

ません。いわば、正義のミカタです。しかし、賃借人の保護が図られれば図られるほど、その反動として、不動産所有者は、それを他人に貸すことを嫌がるようになるかもしれません。不動産賃貸の市場の中で、とくに優良物件が不足したり、賃料の価格の高騰を招いたりする恐れがあります。借地借家法の存在が、良質の賃貸不動産の安定的な供給を邪魔しているという評価も十分に可能なのです。

専門家の中でも、借地借家法の評価は分かれているんだ。

4 居住と貧困

ハウジング・プア

現在、格差社会となっており、社会の中で「貧困」が増えているといわれています。厚生労働省調査（２０１９年国民生活基礎調査）によると、相対的貧困率は、平成30（２０１８）年で15・４％となっています。相対的貧困率とは、国民の所得の中央値の半分未満の所得しかない人々の割合のことをいい、平成30年では、年間所得が１２７万円以下を指します。最悪であった平成24（２０１２）年（16・１％）よりは若干改善したものの、一定の率

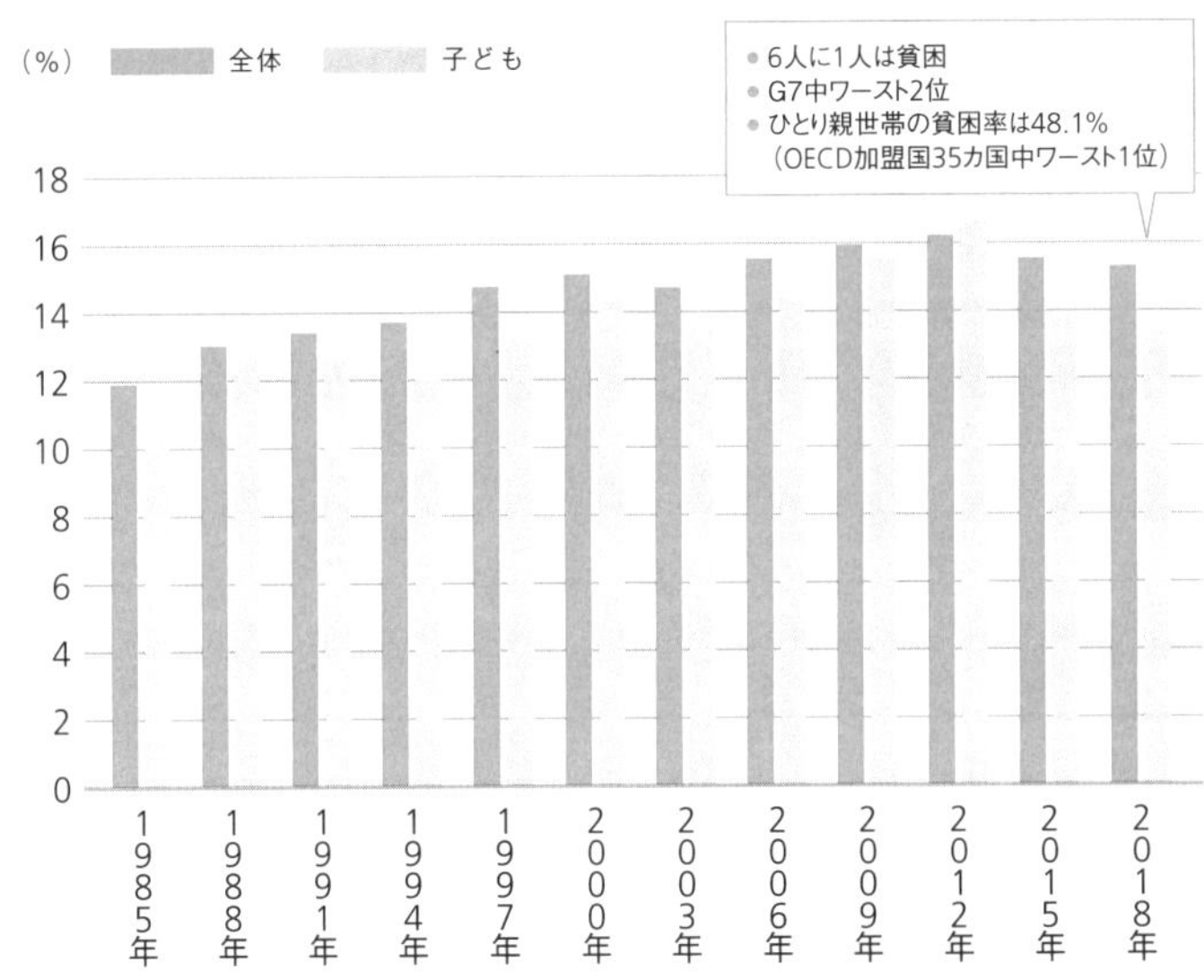

厚生労働省「2019年国民生活基礎調査」を基に作成

を維持しているのが現状です。

そして、貧困と居住は、強い相関関係があります。いわゆる、**ハウジング・プア**という**社会問題**です。居住が定まらないと貧困から抜け出せませんし、またそのことが、貧困を増大させることにもなります。非正規労働者は、今や労働市場の4割近くを占めています（2019年では38・3％。総務省労働力調査）。一般的には給与等が安く、貯蓄も十分ではありません。会社の倒産、雇い止め、病気などのトラブルが生じると、たちまち家賃滞納などに陥る危険性が高まります。また、無年金などの高齢者も居住リスクを抱えます。とくに、都市部に居住する高齢者は、持ち家ではなく借家住まいで、家賃も高いため、生活を維持することが困難になる場合も少なくありません。

安定した住宅環境が確保できない人たちもたくさんいるのです。

貧困層に対する住宅政策

日本にも、低所得者層のための住宅関連のセーフティネットがないわけではなく、いくつか例を挙げることができます。

たとえば、**公営住宅**があります。これは、住宅に困窮する低所得者に対して、安価な家賃で住宅を賃貸するために設けられた制度です。1951年に創設されて以来、先ほど紹介した、住宅金融公庫（当時）の融資、日本住宅公団（当時）による分譲住宅とならび、戦後の住宅政策の三大柱の1つを担ってきた、重要なものです。しかし、今も変わらず、公営住宅の応募者数が高いのに、国も自治体も、財政状況が厳しい中で、供給戸数は増えていません。応募倍率は首都圏を中心に高倍率です。老朽化という面でも問題があります。

また、**住宅扶助制度**というものもあります。読者のみなさんも、生活保護という制度[*100]はご存じだと思いますが、その制度の中に、住宅扶助制度があるのです。生活保護の受給者は、無期限で住宅扶助が受けられるため、生活に困窮した場合に生活保護の申請を遅滞なく行うことによって、制度の範囲において居住空間を喪失するリスクは軽減されます。しかし、審査が厳しく、受給率が極めて低いの

*100　生活保護制度は、生活困窮者に対し、その困窮の程度に応じて必要な保護を行い、健康で文化的な最低限度の生活を保障するとともに、自立を助長することを目的としている。具体的な扶助の種類として、生活扶助（日常生活に必要な費用）、住宅扶助（アパート等の家賃）、教育扶助（義務教育を受けるために必要な学用品費用）、医療扶助（医療サービスの費用）、介護扶助（介護サービスの費用）、出産扶助（出産費用）、生業扶助（就労に必要な技能の修得等にかかる費用）、葬祭扶助（葬祭費用）がある。

が現実です。また、住宅の物的水準について設定がないことも問題となっています。狭くて劣悪な環境の住宅であっても、住宅扶助は限度額いっぱいが支払われることもあり、貧困者を利用した貧困ビジネスの温床となる危険性があります。

近年、厚生労働省が**住居確保給付制度**というものも実施しています。これは、生活保護制度に至る手前の段階で、または、生活保護を脱却する段階で、自立を支援するための制度として位置づけられます。２０１５年4月より施行された「生活困窮者自立支援法」に基づくものです。離職などによって住宅を失い、または失う恐れがある者に対し、就職に向けた活動をするなどを条件に、一定期間、家賃相当額を支給するという制度です。しかし、対象が限定されているうえ、補助が一時的だという限界があります。

さらに、２０１７年10月からは、**住宅セーフティネット制度**も導入されています。先述したとおり、公営住宅の増加が見込めない状況である一方、民間住宅の空き家・空き室が増加していることから、それらを活用した制度であるといえます。大きくは、①住宅確保要配慮者（低所得者、発災後3年以内の被災者、高齢者、外国人、ＤＶ被害を受けている人など）の入居を拒まない賃貸住宅（セーフティネット登録住宅）の登録制度、②登録住宅の改修や入居者への経済的な支援、③住宅確保要配慮者に対する居住支援、という3本の柱からなっています。しかし、現在までのところ普及が十分とはいえません。

このような状況により、住宅セーフティネットからこぼれ落ちてしまって、救済されない人が少なからずいるのが現状です。その人たちは、公的支援が受けられないまま、住宅市場に放り出されてしまっています。民間の賃貸住宅で低所得者層向けのものもなくはありませんが、時として、建築基準をクリアしない劣悪な住環境の「脱法ハウス」や、違法な追い出しを伴う「ゼロゼロ物件」など、貧困層の窮状につけこんで利益をあげる貧困ビジネスに結びつきます。貧困者は、場合によっては、徐々に、ネットカフェ、サウナ、施設などが居住空間となる「住宅難民」になり、さらに、屋根すらない状態（路上、公園、河川敷など）へと追いやられます。そもそも、**居住空間は、私たちが生きていく上でもっとも基本となる要素の1つであるのに、そのための社会的支援が十分とはいえません。**

持ち家政策に比べて、貧困層の居住空間のセーフティネットが十分とはいえないね。

女性と貧困

さらに、「女性」にクローズアップしてみましょう。近年、女性と貧困を結びつけるデータには事欠きません。たとえば、①女性は、生涯を通じて、男性よりも貧困に陥りやすい、②配偶者がいない女性は貧困に陥りやすい、③日本では、他の先進国と異なり、母子世帯の母親が仕事をしていても、貧困から脱出するのは難しいなど、ジェンダーに起因する不平等を示すデータがたくさんあります。

とくに、**いわゆる「シングルマザー」の貧困問題**がクローズアップされています。統計的に、離婚後に親権を持つのは女性である場合が多いのですが、厚生労働省の「令和3年度全国ひとり親世帯等調査」によると、令和2年の母子世帯の平均年間収入（母自身の収入）は、272万円となっています。OECD（経済協力開発機構）における他国のひとり親世帯の貧困状況のデータと比較しても、日本は極めて厳しい状況が続いていることがわかります。さらに、離婚後に養育費を得ている母子家庭は、半数に満たない状況です。厚生労働省の同調査によると、養育費の取り決めをしていない母子世帯は52・2％。「現在も養育費を受けている」という母子世帯は28・1％にすぎません。

「幸せ！ボンビーガール」[*101]は、お金がなくても幸せに暮らそうということをコンセプトにしたバラエティー番組です。貧乏でも幸せな人生を送る女性を紹介しています。いわゆる「プア充女子」でしょうか。……しかし、本当の貧困とは、そのレベルではないように思います。もっと重く、暗く、抜け出す道が見つからないような状態の場合もたくさんあります。「貧困は自己責任だ」という理屈が到底成り立たないような世界です。

『最貧困女子』[*102]は、貧困の地獄の中でもがき、セックス・ワークに埋め込まれる、可視化すらされていない多くの最貧困女子を取材しています。そして、筆者は、取材対象の女性の1人に対し、「彼女は何も与えられずに育ち、適切な教育も受けず、容姿にすら恵まれず、友達もいない。この苦境から脱出しようと努力しようにも、努力をするベースがない。まるで泥の上で高くジャンプしようとあがいているようだ」と表現しています。

日本の社会構造上、女性に注目したうえで貧困問題を考えることは、大切な視点だね。

＊101　日本テレビ系の情報バラエティ番組。2011年から第1期が放送され、2013年から2021年まで第2期が放送された。

＊102　セックス・ワークで日銭を稼ぐ女性たちの抱えた苦しみを描く。

鈴木大介『最貧困女子』幻冬舎新書

「居住福祉」という発想

2015年9月、千葉県銚子市の県営住宅で、実の母親が、当時中学2年生の娘を絞殺するという事件が発生しました。報道番組などでも相当取り上げられていましたので、読者のみなさんの中にも、まだ記憶に残っている人が少なくないのではないでしょうか。

その母子は、困窮状態に追い込まれていました。母親の年収は、約100万円。国民健康保険料も未納状態でした。県営住宅の家賃は1万2800円でしたが、長期にわたって家賃を滞納したため、行政による部屋の明け渡しの強制執行が行われることになっていました。強制執行の当日、この殺人事件が起きたのです。

私には、この事件は、単なるやり切れない不幸な事件というよりは、今まで説明してきたような、日本の構造上の問題が大きく関係しているように思えます。日本でも、分野次第では福祉が相当程度発達しているように思いますが、**居住の領域は、驚くほど市場原理主義が支配しています**。しかし、果たしてそれでよいのかは、慎重に考えなければなりません。

「住む権利」というものが、アイデンティティー、人格形成、人間的価値の形成に関わる憲法上の基本的人権として、国家が保障すべきであるという考え方があるのは注目に値します。**居住福祉的な発想**です。たしかに、居住空間を失うリスクが誰にでも内在するものであり、かつ、居住空間の確保というものが、われわれが生きていくうえで必要不可欠なものであるとすれば、今まで以上に社会全体で支える仕組みを構築していくという発想も、十分にあり得る選択肢ではないでしょうか。

自由権としての居住権から、社会権としての居住権への発想の転換は不可能かな？

さらに深掘り！　読書案内

平山洋介『「仮住まい」と戦後日本―実家住まい・賃貸住まい・仮設住まい』（青土社、２０２０年）
井上明義『「持ち家」という病―不動産と日本人・「これまで」と「これから」の経済学』（ＰＨＰ研究所、２０１６年）
山崎福寿＝中川雅之『経済学で考える人口減少時代の住宅土地問題』（東洋経済新報社、２０２０年）
山岡淳一郎『生きのびるマンション―〈二つの老い〉をこえて』（岩波新書、２０１９年）
丸山英氣『マンションの管理組合とは何か』（信山社新書、２０２２年）
吉川祐介『限界ニュータウン―荒廃する超郊外の分譲地』（太郎次郎社エディタス、２０２２年）
森功『地面師―他人の土地を売り飛ばす闇の詐欺集団』（講談社文庫、２０２２年）
稲葉剛『ハウジングプア―「住まいの貧困」と向きあう』（山吹書店、２００９年）
本間義人『居住の貧困』（岩波新書、２００９年）
マイケル・サンデル『実力も運のうち―能力主義は正義か？』（早川書房、２０２１年）
橘玲『無理ゲー社会』（小学館新書、２０２１年）
宮本みち子ほか編著『アンダークラス化する若者たち―生活保障をどう立て直すか』（明石書店、２０２１年）
坂爪真吾『性風俗シングルマザー―地方都市における女性と子どもの貧困』（集英社新書、２０１９年）
中村淳彦『日本の貧困女子』（ＳＢ新書、２０１９年）

第5章

クジゴジ（9時〜17時）

——仕事と法

プロローグ

多くの人は、「労働人口」としてカウントされるようになる15歳に達して以降、スタート地点を何歳に置くかは別として、働いて生活をすることになります。そしてそれは、高齢者になって働く意思を持たなくなるまで続きます。

働き方は自由です。自分で起業をする人もいれば、会社に勤める人もいるでしょう。民間企業ではなく、公務員になる人もいます。業種もいろいろです。製造業、建設業、金融業、不動産業、運輸業、医療・福祉業、農業、漁業……。また、職種もいろいろです。営業、事務、技術職……。専門職（たとえば、弁護士、公認会計士、税理士、薬剤師、保育士など）もありますし、ピアニスト、画家、役者など、芸術の道で生計を立てる人もいます。

しかしいずれにしても、失業状態を除いて、何らかの仕事に就くでしょう。もちろん、中には、「わざわざ働かなくたって、一生遊んで暮らしていけるだけの財産が十分にある！」という人もいるでしょうが、一般的にはそうはいきません。私たちが生き抜くために、人生から仕事を切り取ることは、なかなか難しいのです。

では、私たちの仕事と法の関わりは、どのようになっているのでしょうか。誤解を恐れず敢えてシンプルに言えば、**私たちの多くが働く場所としての「企業」に関する法**の存在と、**その企業と契約で結ばれた私たち「労働者」に関する法**の存在があります。本章では、その2つを軸として説明していきたいと思います。

1 株式会社とは？

私たちの周囲に「企業」！

企業とは、市場経済における経済活動のおもな担い手のことを意味します。企業は、資金・労働力・原材料などを調達して、そこに固有の経験、知識、技術などを投入することによって付加価値を作り出し、それを商品化・サービス化したうえで供給するのです。

たとえば、この本を編集・販売した企業である「株式会社ウェッジ」も、編集者や、私という書き手、作成のための資金・原材料などを集めたうえで、本書を作り、これを世に送り出したのです。

もちろん、企業の活動とは、書籍の出版に限りません。私たちの生活の周りには、「企業」という存在があふれています。洋服も、食品も、レジャー施設も、携帯電話も、不動産の賃貸借も、宅配サービスも、カラオケボックスも、企業の存在なしに考えることはできません。

企業は、一般的に、「利益」を上げることが宿命づけられています。有益な物やサービスを提供することを通じて、顧客や市場からの満足を獲得し、利益を生み出すからこそ、その企業は存在・発展し続けられるのです。この本が、みなさんにどれくらい有益となるかは、棚に上げるとして……（汗）。「最大の利益を上げること」が企業の基本といってもいいでしょう。

ただし、**企業が利益を上げることは、企業の存続条件だとしても、目的がそれに限定されてはならない**点に注意が必要です。企業は、利益を上げることだけではなく、製品の品質や安全性を確保すること、従業員の労働環境を良質なものに保つこと、自然環境への配慮を怠らないこと、法を超えて社会的に求められる倫理的な行動を心がけることなど、さまざまな面で社会的責任を負っています。それを抜きにして、企業が社会の中で継続的に存続・発展することはありえません。

企業は、利益を上げるとともに、いろいろな社会的責任を負う存在だ。

企業と法

企業に関する法の中心は、企業を対象として、その活動を規定する**商法**です。世界的にみると商法は、9世紀イタリアで商業都市が繁栄し、そこで商人団体の自治法として発達したのが最初であるといわれています。その後、近代国家の成立とともに、都市経済から国民経済へ発展する中、自治法が国家法へと発展していきました。

日本では、明治32（1899）年に商法が施行されました。この商法が、今も生き続けています。ただし、現在では、商法自体の内容は、かなり薄くなっています。なぜなら、制定当初とは異なり、多くの規定が商法という法典から抜け出て、各分野で別の法律を形成するに至っているからです。**会社法**、**手形法**、**小切手法**、**保険法**などがそれに該当します。とくに、企業と法を語るとき、株式会社という組織について詳細に規定した会社法の存在意義は、大変大きなものがあります。そのような意味で、企業に関するルールといった場合、商法だけではなく、企業の組織や活動といった企業生活関係を規律するさまざまな法律群を、一体として捉えるほうが適切です。このような法律群を、まとめて「企業法」と呼ぶ場合があります。

企業法分野に属する法律にもさまざまなものがあり、法律ごとに特徴がありますが、総じていえば、営利性、簡易迅速性、公示・外観の重視などが強調された内容となっています。ビジネスの世界ならではのルールといえるでしょう。

〔商法1条2項〕
商事に関し、この法律に定めがない事項については商慣習に従い、商慣習がないときは、民法（明治29年法律第89号）の定めるところによる。

なお、商法には、右のような規定があります。これは、商法が民法の特別法であることを意味します。つまり、商法に規定があったり、商慣習があったりすればそれに従うけれども、それがない場合には、民法の規定で処理をするというものです。**民法は商法を下支えしています。**

商法も民法も、市民間の権利義務関係を規律する「私法」に属するんだ。

「株式会社ウェッジ」という存在

ところで、「企業」と一言で言っても、いろいろな企業があります。国家によって管理されている公的な企業もあれば、私的な企業もあります。営利性を持たない企業もありますし、公益性を有する企業もあります。個人商店のような小さい企業もあります。そのような中で、おそらく、私たちの社会で、一番数が多く、一番身近な企業は、**株式会社**だろうと思います。

この本の出版社である「株式会社ウェッジ」のHPを見ると、下のような会社概要が載っています。

注目してもらいたいのが資本金です。会社が事業をするために、事業運営の基礎として

■ 会社概要

商号	株式会社ウェッジ
設立	1989年(平成元年)3月20日
本社所在地	〒101-0052 東京都千代田区神田小川町一丁目3番地1 NBF小川町ビルディング3階
資本金	6,000万円
事業内容	●月刊誌『Wedge』、月刊誌『ひととき』及びウェブマガジン『Wedge ONLINE』並びに書籍の編集、発行及び販売 ●当社発行雑誌、及びウェブサイト等に掲載する広告出稿に関する営業 ●各種出版物、パンフレット、ダイレクトメール等の企画立案、制作受託 ●各種講演会、セミナー等の企画立案、運営

会社概要例　株式会社ウェッジ HPより

出資者から集めたお金のことです。

たとえば、書籍の出版に興味を持っていて、かつ、3万円を持っている人が全国に2000人いたとします。その人たちが、各々、3万円という持ち金を使って出版事業を始めることもできます。でも、3万円で何ができるのでしょうか？それよりも、その2000人分のお金を集めて6000万円にして、出版事業について才能がある人に経営を託したほうが、規模の大きい事業を効率的に行うことができると思いませんか？

株式会社は、資本を集中させて、より大規模な事業を行うことができる仕組みだよ。

1人の人として

さてここで、より株式会社の本質を理解してもらうために、少し遡って、「団体」について触れておきたいと思います。

そもそも、私たちの社会には、私たち個人（これを、専門的に「自然人」といいます）とは別に、団体による活動がたくさんあります。何人かが集まって、何かをするのです。趣味のサークルや町内会といった地域コミュニティー、夫婦や親子などの身分的結合体、同一の分譲マンションに住む住民同士、学校のＰＴＡなど、いろいろな関係を団体として捉えることができます。

ところで、これらの団体の中には、その団体自体を、団体の構成員とは異なる独立した存在として認識することが望まれる場合もあります。たとえば、仮に、出版事業を行うために集まった人が50人いたとします。もし、その団体がパソコンを1台購入する際に50人が連名（50人の共有！）しなければならないのだとすると、その売買契約は面倒ですよね。「株式会社ウェッジ」という1人の「人」がパソコンを購入するほうが、数段便利です。

このように、団体の構成員とは別に、その団体自体に独自の法人格（権利・義務の主体たる地位）を与える場合、これを**法人**といいます。そして、**株式会社も法人の一種**です。すなわち、株式会社は、株式会社の名前で材料を調達し、物を製造して販売し、事務所としてビルの1室を借り、金融機関に預金口座を開設し、運転資金として融資を受けることができます。不動産を購入すれば、株式会社の名前で登記をすることもできます。

株式会社は、独立した法人格を有する1人の人として法が認めた存在だ。

会社を立ち上げるときに

では次に、株式会社の設立について、少し触れておきましょう。

まず、株式会社は、会社を設立する際に、**定款**(ていかん)というものを作成しなければなりません。定款とは、その会社の基本規則のことです。たとえば、会社の商号、目的、本店所在地などは、必ず記載しなければなりません（会社法26条、27条[*103]）。

定款は、株式会社の設立に際して、発起人が、全員の同意によって決定した内容を記載して、署名して作成します。そして、公証人による認証を受けます（会社法30条1項[*104]）。それだけ慎重な手続が必要な、会社にとっては重要なものです。

たとえば、次ページは、日本公証人連合会が公表している株式会社の定款の記載例です（小規模会社、株式非公開、取締役1名、監査役非設置、会計参与非設置）。

＊103 【会社法26条】①株式会社を設立するには、発起人が定款を作成し、その全員がこれに署名し、又は記名押印しなければならない。（後略）
【会社法27条】株式会社の定款には、次に掲げる事項を記載し、又は記録しなければならない。
1 目的
2 商号
3 本店の所在地
4 設立に際して出資される財産の価額又はその最低額
5 発起人の氏名又は名称及び住所

＊104 【会社法30条】①第26条第1項の定款は、公証人の認証を受けなければ、その効力を生じない。（後略）

（議事録）
第１５条　株主総会の議事については、開催の日時及び場所、出席した役員並びに議事の経過の要領及びその結果その他法務省令で定める事項を記載又は記録した議事録を作成し、議長及び出席した取締役がこれに署名若しくは記名押印又は電子署名をし、株主総会の日から１０年間本店に備え置く。

第4章　取締役

（取締役の員数）
第１６条　当会社の取締役は、１名とする。
（取締役の資格）
第１７条　取締役は、当会社の株主の中から選任する。ただし、必要があるときは、株主以外の者から選任することを妨げない。
（取締役の選任）
第１８条　取締役は、株主総会において、議決権を行使することができる株主の議決権の３分の１以上を有する株主が出席し、その議決権の過半数の決議によって選任する。
（取締役の任期）
第１９条　取締役の任期は、選任後５年以内に終了する事業年度のうち最終のものに関する定時株主総会の終結の時までとする。

第5章　計　算

（事業年度）
第２０条　当会社の事業年度は、毎年4月１日から翌年３月末日までの年１期とする。
（剰余金の配当）
第２１条　剰余金の配当は、毎事業年度末日現在の最終の株主名簿に記載又は記録された株主又は登録株式質権者に対して行う。
（配当の除斥期間）
第２２条　剰余金の配当がその支払の提供の日から３年を経過しても受領されないときは、当会社は、その支払義務を免れるものとする。

第6章　附　則

（設立に際して出資される財産の価額及び成立後の資本金の額）
第２３条　当会社の設立に際して出資される財産の価額は、金１００万円とする。
２　当会社の成立後の資本金の額は、金１００万円とする。
（最初の事業年度）
第２４条　当会社の最初の事業年度は、当会社成立の日から平成○○年３月末日までとする。
（設立時取締役）
第２５条　当会社の設立時取締役は、次のとおりである。
設立時取締役　　○○○○
（発起人の氏名ほか）
第２６条　発起人の氏名、住所及び設立に際して割当てを受ける株式数並びに株式と引換えに払い込む金銭の額は、次のとおりである。
東京都○○区○町○丁目○番○号
発起人　○○○○　　１０株、金１００万円
（法令の準拠）
第２７条　この定款に規定のない事項は、全て会社法その他の法令に従う。

以上、○○株式会社設立のため、この定款を作成し、発起人が次に記名押印する。

令和○○年○○月○○日

発起人　　○○○○　（印）

○○株式会社定款

第1章　総　則

（商号）

第１条　当会社は、○○株式会社と称する。

（目的）

第２条　当会社は、次の事業を行うことを目的とする。

(1)　○○の製造及び販売

(2)　××の輸入及び販売

(3)　前各号に附帯又は関連する一切の事業

（本店所在地）

第３条　当会社は、本店を東京都○○区に置く。

（公告方法）

第４条　当会社の公告は、官報に掲載する方法により行う。

第2章　株　式

（発行可能株式総数）

第５条　当会社の発行可能株式総数は、１００株とする。

（株券の不発行）

第６条　当会社の発行する株式については、株券を発行しない。

（株式の譲渡制限）

第７条　当会社の発行する株式の譲渡による取得については、取締役の承認を受けなければならない。ただし、当会社の株主に譲渡する場合には、承認をしたものとみなす。

（基準日）

第８条　当会社は、毎年３月末日の最終の株主名簿に記載又は記録された議決権を有する株主をもって、その事業年度に関する定時株主総会において権利を行使することができる株主とする。

２　前項のほか、必要があるときは、あらかじめ公告して、一定の日の最終の株主名簿に記載又は記録されている株主又は登録株式質権者をもって、その権利を行使することができる株主又は登録株式質権者とすることができる。

（株主の住所等の届出）

第９条　当会社の株主及び登録株式質権者又はそれらの法定代理人は、当会社所定の書式により、住所、氏名及び印鑑を当会社に届け出なければならない。

２　前項の届出事項を変更したときも、同様とする。

第3章　株主総会

（招集時期）

第１０条　当会社の定時株主総会は、毎事業年度の終了後３か月以内に招集し、臨時株主総会は、必要がある場合に招集する。

（招集権者）

第１１条　株主総会は、法令に別段の定めがある場合を除き、取締役が招集する。

（招集通知）

第１２条　株主総会の招集通知は、当該株主総会で議決権を行使することができる株主に対し、会日の５日前までに発する。

（株主総会の議長）

第１３条　株主総会の議長は、取締役がこれに当たる。

２　取締役に事故があるときは、当該株主総会で議長を選出する。

（株主総会の決議）

第１４条　株主総会の決議は、法令又は定款に別段の定めがある場合を除き、出席した議決権を行使することができる株主の議決権の過半数をもって行う。

また、株式会社を設立する際には、設立の**登記**（**商業登記**）もしなければなりません（会社法49条）。[*105] 登記された会社の情報（社名や役員情報、資本金、会社の目的など）は、法務局で管理され、請求すれば誰でもその情報を閲覧することができます。これによって、会社の存在を信用してもらったり、円滑で安全な取引を実現することができたりするのです。第4章でお話しした不動産登記は、第三者に対抗するための要件にしか過ぎませんでしたが、会社の設立登記は、その登記がなされないと、そもそも会社が成立しません。

*105 【会社法49条】株式会社は、その本店の所在地において設立の登記をすることによって成立する。

定款は、その会社の憲法のようなものだね。

会社に必要な〝生きる意味〟

先ほどの説明で、株式会社には、出資者（構成員）とは別に、会社独自の法人格が与えられるということが分かりました。しかしそれは、株式会社が、なんでも自由に活動することができるということを意味しません。株式会社は、目的を持った団体ですから、あくまで、その「**目的の範囲**」において、権利を有し、義務を負う存在にしかすぎないというタテマエになっています。生きる意味がなければ、法人は生きられないのです。定款にも必ず、目的が記載されます（２４１ページの定款例第２条参照）。

［民法34条］
法人は、法令の規定に従い、定款その他の基本約款で定められた目的の範囲内において、権利を有し、義務を負う。

ウェッジでいうと、事業内容は、月刊誌および書籍の編集・発行・販売を中心に、それと関連する事業となっています。つまり、ウェッジは、書籍の出版事業を目的とする株式会社なのです。

では、ウェッジは、ここに書かれている内容以外のことは一切できないのでしょうか？「目的」とは、会社の活動をどのくらい制限するものなのでしょうか？たとえば、株式会社が、収益を増大させるために定款に書かれていない事業に新規参入したり、取引先から頼まれて保証人になったり、災害が発生したときに特定の団体に義援金を拠出したりすることはできないのでしょうか？

おそらく、今挙げた例はすべて可能です。じつは、判例では、「目的」をかなり広く解する傾向にあります。とくに、**営利法人である株式会社は、究極的には収益をあげて株主に収益を分配することが必要ですから、そのための活動である限り、広く、目的の範囲に含まれるものと解されています。**たとえば、株式会社が特定の政党に政治献金をしたことが目的の範囲内かが争われた事件について、最高裁判所大法廷昭和45年6月24日判決は、次のように言っています。

ある行為が一見定款所定の目的とかかわりがないものであるとしても、会社に、社会通念上、期待ないし要請されるものであるかぎり、その期待ないし要請にこたえることは、会社の当然になしうるところであるといわなければならない。そしてまた、会社にとっても、一般に、かかる社会的作用に属する活動をすることは、無益無用のことではなく、企業体としての円滑な発展を図るうえに相当の価値と効果を認めることもできるのであるから、その意味において、これらの行為もまた、間接ではあっても、目的遂行のうえに必要なものであるとするを妨げない。

明示された目的に限定されず、目的を遂行するうえで直接または間接的に必要な行為をすべて包含するものと考えられていることが分かりますね。

これに対して、株式会社のような営利法人ではない法人の場合（とくに公益目的の法人の場合）、「目的」がある程度限定されるよ。

2 株主とは？

会社の実質的所有者としての「株主」

次に、株式会社の構成員である**株主**について見ていきましょう。株主とは、今までの説明でたびたび登場している、出資者のことです。出資をしてその会社の**株式**を持つことになります。

よく、「株式会社は、株主のものである」というふうにいわれます。なるほど、出資されたお金を元手に事業が運営されますから、株主は会社のオーナーといえましょう。なお、出資をしたとしても、株式会社は独自の法人格を有しますので、株式会社それ自体が権利主体となり、厳密な意味では、株主は株式会社の「所有者」ではありません。しかし、株主としてのさまざまな権利を持つことによって、会社を実質的に支配します。そのような意味で、**株主は、「実質的な所有者」として位置づけられるのです。**

では、特定の株式会社の株主になるとできることは何でしょうか？ 大きく分けて3つあります。それは、①株主総会に参加できること、②株式を保有することによって、配当など（インカム・ゲイン）を得ることができること、③株式を売却することによって、株式価値の上昇による利益（キャピタル・ゲイン）を得ることができること、です。以下でもう少し詳しく見ていきましょう。

経営に物申す

まず、株主は、**株主総会**に参加することができます。**株主総会は、株式会社の最高意思決定機関です。**年に1回は開催されます（定時株主総会のほかに、会社にとって緊急の事態が起こったときに行われる臨時株主総会があります）。

株主総会では、①会社の根本に関わること（定款の変更、事業譲渡、解散など）、②会社の役員の人事（取締役の選任など）、③株主の利害に大きく影響を与えること（剰余金の配当、役員報酬など）などが議案として取り上げられます。

［会社法295条1項］
株主総会は、この法律に規定する事項及び株式会社の組織、運営、管理その他株式会社に関する一切の事項について決議をすることができる。

株主は、株主総会で決議をする際に投票する権利（議決権）を持っています。その際に重要なことは、「**1株1票**」ということです（会社法308条1項）[*106]。たとえば、1000株を発行している会社において、株主Aさんが500株、株主Bさんが100株、株主Cさんが150株、株主Dさんが250株を保有している場合、投票数は、A：B：C：D＝500票：100票：150票：250票となるのです。したがって、株式保有率が高まるほど、決議に影響を与える強さも増すことになります。

なお、株式会社では、**出資をする株主は、みずから経営をするわけではなく、株主総会で選出された者に経営を任せます。**このように、株主（会社の実質的所有者）と経営者が分離しているのが株式会社です。また、それだけでなく、株式会社の場合、経営に関心がなく、配当がもらえて、株の値が上がればそれでよいという株主も多いのが実情です。とくに、株主総会での決議に影響を与えることの

＊106 【会社法308条】
①株主（株式会社がその総株主の議決権の4分の1以上を有することその他の事由を通じて株式会社がその経営を実質的に支配することが可能な関係にあるものとして法務省令で定める株主を除く。）は、株主総会において、その有する株式1株につき1個の議決権を有する。ただし、単元株式数を定款で定めている場合には、1単元の株式につき1個の議決権を有する。（後略）

少ない小株主は、株主総会に参加しない場合も少なくありません。

経営者は株主に対して、ちゃんと経営状況の説明をしなければならない。

COLUMN

大塚家具の株主総会

一般投資家の投票権も重要となった株主総会の一例として、2015年3月に開催された大塚家具（2022年4月に、株式会社としては消失）の株主総会が挙げられます。大塚家具の経営方針の対立は、当時、テレビや新聞などで多く報道されました。会員制や高級感を出す従来の経営路線を主張する会長の大塚勝久氏と、他社を意識してカジュアル感が必要と主張する社長の大塚久美子氏の攻防が、注目を集めました。

当時、大塚家具の株式は、会長の大塚勝久氏が発行済み株式の18％程度を保有する筆頭株主で、妻の持ち分を合わせると20％近くに達していました。他方、一族の資産管理会社である「ききょう企画」が10％程度を保有していましたが、こちらは、社長の大塚久美子氏が主導権を握っていました。さらに11％程度を持っていたアメリカの投資ファンドも、久美子氏側を支持していました。そこで焦点は、保険会社や銀行などの機関投資家、取引先を中心とする法人株主、そして、個人株主の動向でした。最終段階まで勝敗は分からないと見られて、株主総会の動向が注目されました。

「株でもうける」って？　その1

株主は、利益の分配（配当金）を受け取ることができます（会社法453条[*107]）。会社が利益を出せば、その一部を配当金として受け取ることができます。ここでもやはり、株式の保有率が影響を与えます。株主は、保有する株式に比例して配当を受け取ることができるので、たくさんの株式を保有していればいるほど、配当金も多くなります（もちろん、その会社が赤字決算であれば、配当が出ないこともあります）。株主が配当によって手にする収益のことを、**インカム・ゲイン**といいます。

なお、配当とは別に、株主は、株主の特別待遇（株主優待サービス）を受けることもできます。優待の内容は、各会社によって違いますが、「月曜から夜ふかし」[*108]というバラエティー番組に登場する桐谷広人（きりたにひろと）さんのことは、ご存じの人も多いの

＊107　【会社法453条】株式会社は、その株主（当該株式会社を除く。）に対し、剰余金の配当をすることができる。

＊108　日本テレビ系のトークバラエティ番組。2012年から放送されている。

ではないでしょうか。株式投資をして多くの銘柄の株式を取得し、街中を自転車で疾走しながら株主優待を使いこなす映像は、興味をそそります。鉄道、ポロシャツ、眼鏡、観覧車、映画、ランチ……。

株式を長く保有すればするほど、安定的に入ってくる利益だね。

「株でもうける」って？ その2

株主は、インカム・ゲインとは別に、株式価値の上昇による利益（**キャピタル・ゲイン**）を得ることもできます。

そもそも、株式は、公開株式であれば、つねに証券市場で売り買いされていて、株価は上下動しています。一般に「株でもうける」というときは、売却益を狙ったものが多いのです。その株式会社の将来に対する期待予測（たくさん収益をあげる会社か、それともそうではないか）によって、売りが多くなったり、買いが多くなったりします。もし株主が、株式を安いときに買い、高くなったときに売れば、その差益を得ることができます。

株価の変動によって、得したり損したりするね。

COLUMN

株式公開のメリット、デメリット

株式は、「公開」される場合と、そうでない場合があります。株式の公開（株式上場ともいう）がなされると、株式市場のもとで一般の人もその株式会社の株式を取得する機会が得られます。これを会社側から見ると、多くの人からの資金調達を受けられるチャンスが広がります。すでに株主になっている人も、市場に売りやすくなります。企業の知名度も上がり、優秀な人材を確保することも容易になるかもしれません。

他方、株式公開をした場合、会社には投資家への説明責任が課されることになります。また、特定の者が市場を通じて、その会社の株式を買い占めることにより、企業買収などの危険にさらされる可能性もあります。ですから、同族企業などは、一般的に株式公開には消極的です。

3 株式会社の組織

社長ってどんな人？

次に、会社の組織について、少し説明を加えましょう。

よく、「会社の社長」という言葉を耳にしますね。では、社長って、どのような人のことなのでしょうか。会社の長ですから、会社の一番偉い人？……ある意味、そうかもしれませんが、法的には、少し違います。

まず、法的には、社長という地位はありません。あるのは、「（代表）取締役」という地位です。では、取締役とはどのような人を指すのでしょうか。先ほど、株式会社の最高意思決定機関が株主総会だと説明しました。比喩的に表現するのであれば、株主総会が法人の「頭脳」に当たります。これに対して、取締役は、法人の「手足」に当たります。すなわち、取締役は、法人の手足となって、業務を執行し、法人を代表します。

取締役はどのように選任されるのかというと、前述のとおり、株主総会の決議で選任されます。つまり、**取締役は、株主によって経営を託された存在なのです。**会社と取締役の間には、会社の業務運営に関して、委任契約が結ばれます。ですから取締役は、株主の利益になるように、善良な管理者としての注意義務をもって行動するとともに、忠実に行動しなければならないのです（会社法355条、330条、民法644条[*109]）。

なお、通常、取締役全員で構成する会議体である**取締役会**が設置されます。その場合には、取締役の中からとくに、**代表取締役**が選任されます。代表取締役が設置されると、代表権が代表取締役に集中することになります。代表権の範囲は、株式会社の業務に関す

株式会社と取締役の関係

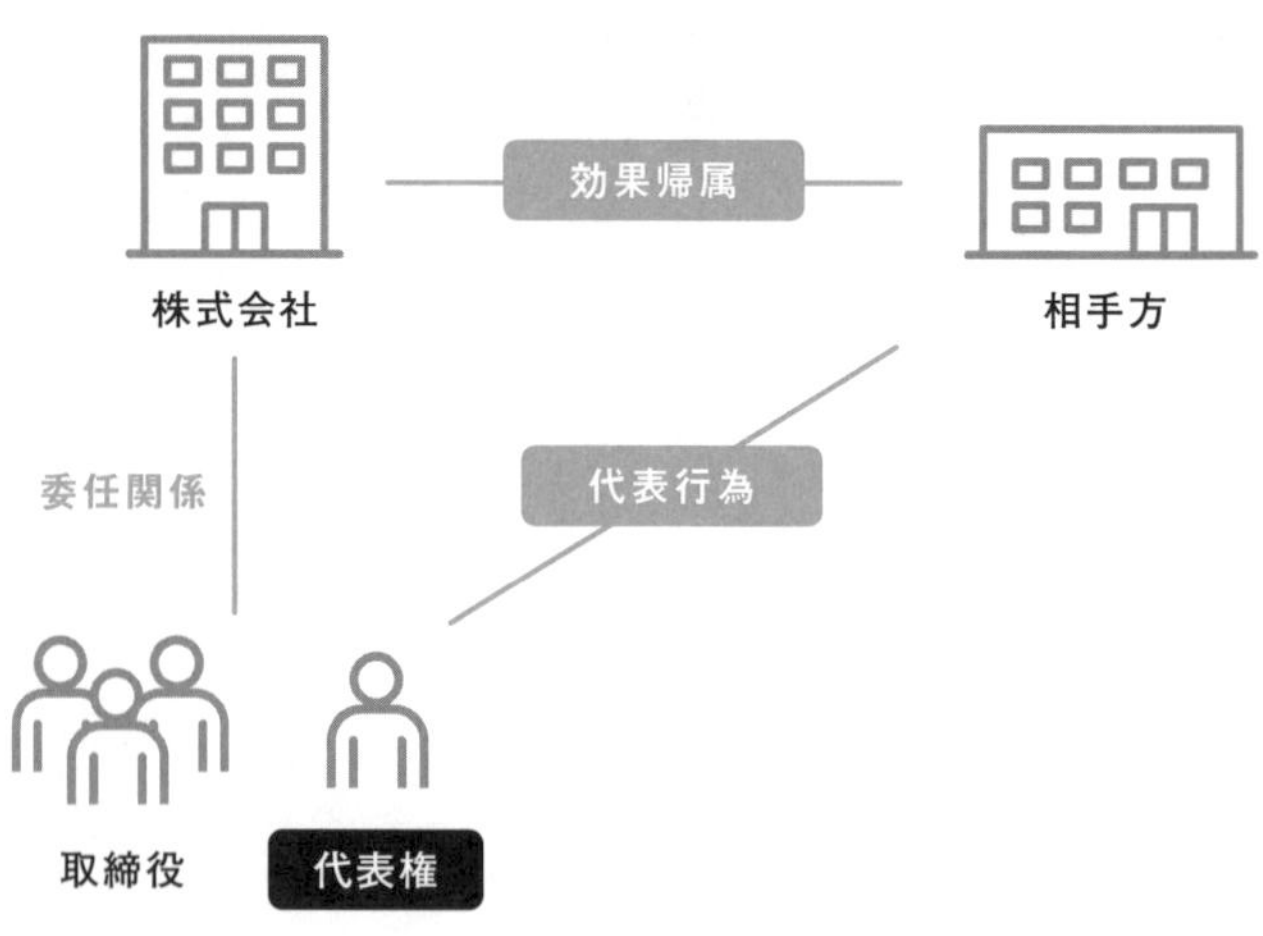

る一切の行為に及びます。

［会社法349条4項］
代表取締役は、株式会社の業務に関する一切の裁判上又は裁判外の行為をする権限を有する。

条文にも「一切の」とありますが、代表取締役の権限が絶対的に無制限かというと、そうでもありません。たとえば、多額の借財をしたり、重要な財産の処分をしたりする場合には、会社法上、代表取締役単独では行えず、取締役会のチェックが必要です。定款で代表取締役の権限を制限することも可能です。しかしいずれにしても、代表取締役に大きな権限が与えられていることに変わりはありません。

実際には、取締役会で、会社の経営にとって大切な意思決定をたくさんするんだ。

＊109 【会社法355条】取締役は、法令及び定款並びに株主総会の決議を遵守し、株式会社のため忠実にその職務を行わなければならない。
【会社法330条】株式会社と役員及び会計監査人との関係は、委任に関する規定に従う。
【民法644条】受任者は、委任の本旨に従い、善良な管理者の注意をもって、委任事務を処理する義務を負う。

取締役が会社を裏切るとき

【事例】

大企業A社の社長Bは、以前からギャンブル好き。ありとあらゆるギャンブルに手を染めて、やがて外国のカジノでも豪遊するようになりました。ギャンブルが原因で借金が増えてしまったBは、A社のお金を10億円ほど使い込みました。その際には、A社の取締役会決議や契約書の作成などが行われませんでした。Bによる資金使途も不明で、借入金のほとんどは未返済となりました。

取締役が、権限を適切に行使している間はよいのですが（実は、何が「適切」かを判断すること自体が難しいのですが、それは置いておきましょう）、時として暴走する取締役もいます。たとえば、右のような事例です。この例、簡単に言うと、BがA社のお金を勝手に私的に使い込んでしまっています。

このような行為は、会社法で禁止されている**特別背任罪**（はいにん）に該当します（会社法960条1項）。すなわち、取締役など、株式会社に一定の権限を有する者が「自己若しくは第三者の利益を図り又は株式会社に損害を加える目的」（これを「図利・加害目的」といいます）で、任務に背く行為をし、株式会社に財産上の損害を加えたときは、10年以下の懲役もしくは1000万円以下の罰金に処する（またはこれを併科する）ものとなっています。事務を任せた人の信頼を裏切る点に悪質性があります。

「あれ？ 犯罪と刑罰って、刑法に規定があるのではないの？」と思った読者もいるかもしれません。たしかに、犯罪の基本類型は刑法に規定がありますが、その他の法律にも犯罪と刑罰に関する規定は存在します。そもそも、刑法上に、背任罪（刑法247条[*110]）という犯罪類型があります。しかし、**株式会社の取締役などが背任を行った場合に、とくに重く罰するために、会社法に特別な規定が設けられている**のです。

なお、取締役が犯罪行為などをした結果として会社に損害が生じた場合、前述のような刑事的責任のほかに、株式会社に対して損害賠償責任を負います（会社法423条[*111]）。これは、民事上の責任です。その責任追及は、タテマエ上は、損害を受けた会社自身が行うことになっています。

しかし、会社内部のなれ合い（仲間意識・身内意識）によって、適切な責任追及

*110 【刑法247条】他人のためにその事務を処理する者が、自己若しくは第三者の利益を図り又は本人に損害を加える目的で、その任務に背く行為をし、本人に財産上の損害を加えたときは、5年以下の懲役又は50万円以下の罰金に処する。

*111 【会社法423条】①取締役、会計参与、監査役、執行役又は会計監査人（以下この節において「役員等」という。）は、その任務を怠ったときは、株式会社に対し、これによって生じた損害を賠償する責任を負う。（後略）

が期待できない場合も考えられます。「会社が社長を訴える？ 無理でしょ、そんなの」ということも実際には多いのです。そのような場合、一定の要件のもとで、株主が、会社の代わりに原告となって、取締役の責任を追及するための訴えを提起することができる仕組みとなっています。持株比率が低くても、訴えを提起することは可能です。これが、**株主代表訴訟**です。

信任を受けた取締役の責任は重大だ。取締役に対する損害賠償が多額になることもあるよ。

社長の暴走を止めろ！

取締役の暴走を止めるために、どのような仕組みがあるのでしょうか。その1つとして、**監査役**の存在があります。

監査役とは、株主総会で選任され、**取締役の職務執行を監査する役職**です。株主から会社の経営を行っている取締役のチェックをすることを委託された者で、

＊112 監査役に就任した主人公が、金融業界の不正に切り込む。（周良貨（原作）能田茂（漫画）、集英社）

極めて重要なポジションです。

［会社法381条2項］
監査役は、いつでも、取締役及び会計参与並びに支配人その他の使用人に対して事業の報告を求め、又は監査役設置会社の業務及び財産の状況の調査をすることができる。

取締役会が置かれる会社においては、監査役も、必ず置かなければなりません。なお、とくに不正な会計がないかをチェックするために、会計監査人がいます。

『監査役 野崎修平』[*112]という経済漫画があります。織田裕二が主演でドラマ化もされました。正義感と人情味ある人柄をもつ野崎は、

株主総会、取締役、監査役の関係

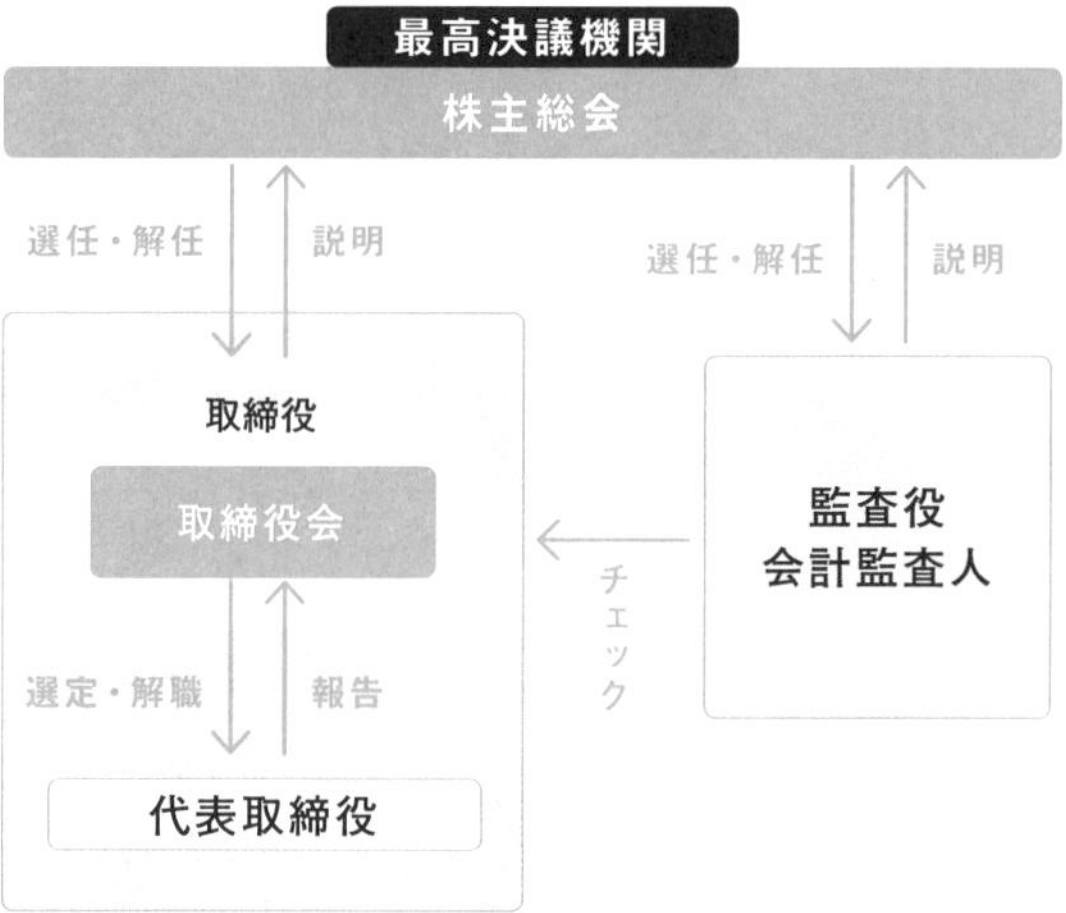

最高決議機関
株主総会
選任・解任
説明
選任・解任
説明
取締役
取締役会
選定・解職
報告
代表取締役
監査役
会計監査人
チェック

あおぞら銀行の支店長でしたが、監査役に就任します。その後、銀行内での不正を日の当たりにしますが、冷静な判断力で、不正の蔓延に歯止めをかけようとします。実際には、ここまで会社にズバズバ切り込んでいく監査役は少ないかもしれませんが、経営のチェック機能としての監査役の法的役割が分かる作品だと思います。

監査役は、会社が健全であるための砦。
「閑査役」ではダメなのだ！

4 労働者保護のための法

ある事例から…

【事例】

Aさんは、インターネットサービスを運営する会社に勤務し、WEB開発業務を担当していました。新しいプロジェクトの開発リーダーを任されることになった12月頃から、労働時間が以前よりも急激に増加し、月100〜120時間の残業が続くこととなりました。

翌年の4月からは、徹夜や数時間の仮眠をとるのみで働き続け、時間外労働（残業）は月200時間に達していました。ある日Aさんは、仕事中に、くも膜下出血を発症して倒れ、なんとか一命はとりとめたものの、右半身まひの後遺症が残り、その後も復職できていません。

このような事件は、よく耳にすることです。世界から日本人は働きすぎだと言われ、ニュースなどでもことあるごとに、働き方の見直しを訴える特集が組まれています。大手広告代理店の新入社員が、2015年末に過労による自殺をしたニュースは、記憶に新しいかもしれません。それでも、状況が劇的に改善されたという話は聞きません。

下の図表を見てください。業務における過重な負荷により脳血管疾患または虚血性心疾患等を発症したとする労災請求件数は、過去10年余りの間、毎年、700〜900件ほどあります。その中で、支給決定（認定）件数も、200〜300件程度となっています。さらに、勤務問題が原因の1つと推定される自殺者数は減少傾向にありますが、とく

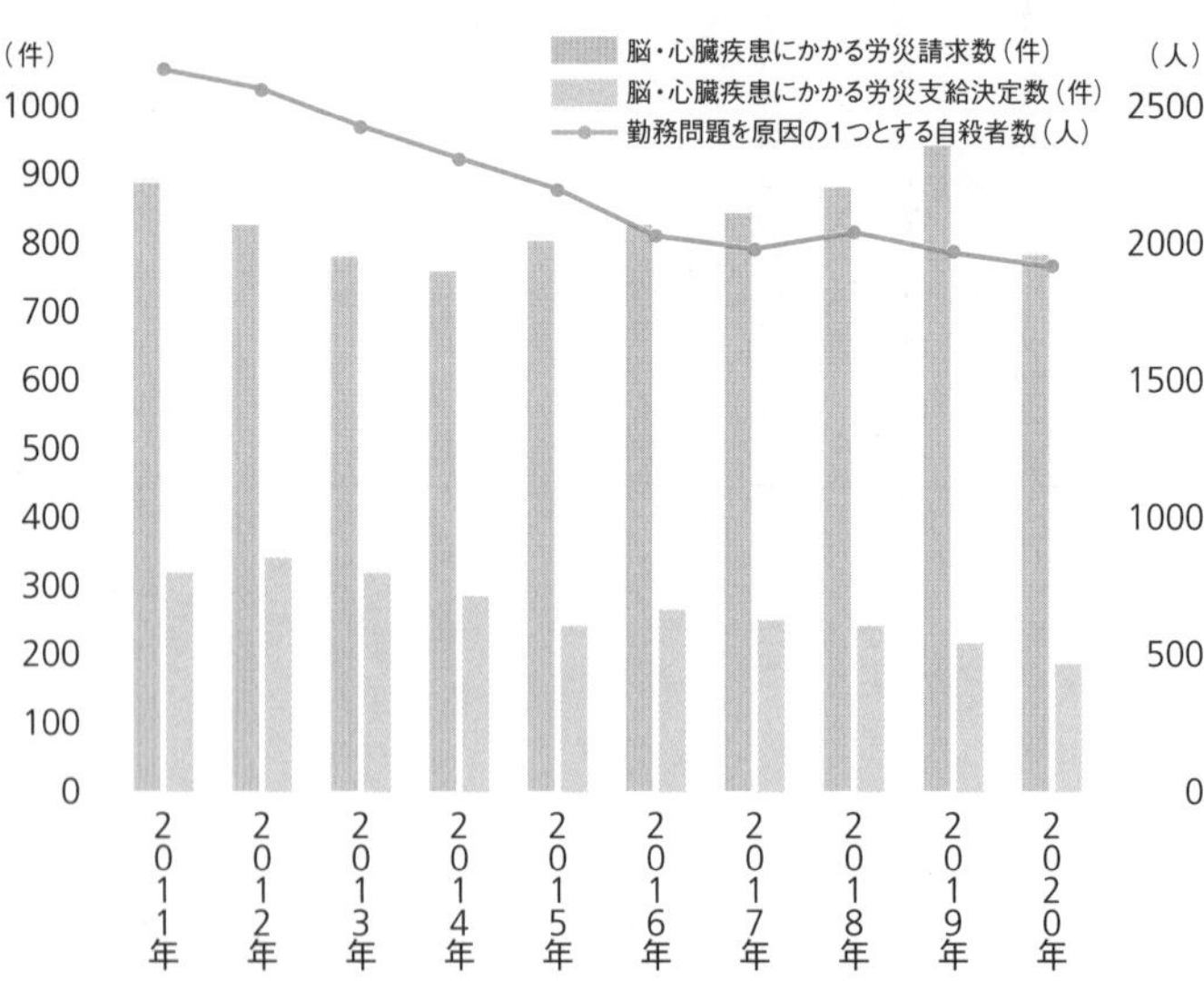

「令和3年版過労死等防止対策白書」（厚生労働省）を基に作成

に、「仕事の疲れ」による自殺が毎年、3割程度を占めています。国のさまざまな政策にもかかわらず（たとえば、平成26（2014）年に「過労死等防止対策推進法」が施行されましたし、平成27（2015）年には、「過労死等の防止のための対策に関する大綱」が閣議決定されています）、日本の労働環境はあまり改善されていないように感じられます。

ワーク・ライフ・バランスが大切だ。

労働法という法分野

現在、日本では、働いている者のうち、雇われている人の割合が、およそ9割に上ります。そのような人たちを守るための法はないのでしょうか？　**労働法**という分野がこれに当たります。……と言っても、労働法という名前の独立した法典があるわけではありません。労働者を対象にして、労働をめぐる関係について定める諸法をまとめて、労働法といいます。

労働法の分野は、大きく、①年少者保護、労働災害に対する補償、解雇制限など、労働者の最低労働条件を定めるものと、②労働者に対して、労働組合の結成を認め、その組織に団体交渉権や争議権を与え、使用者との集団的交渉のルールを定めたものと、③労働者の勤労権を確保するための国家の関与を内容とするもの、の3本の柱があります。

このうち、①については、**労働基準法、労働契約法、最低賃金法、雇用の分野における男女の均等な機会及び待遇の確保等に関する法律（男女雇用機会均等法）**などの法律があります。個人は国家の干渉を受けることなく自己の意思に基づいて自由に契約を締結することができます（契約自由の原則）が、社会的・経済的に強い立場にある使用者と、弱い立場にある労働者との間で本当に自由な契約をすることは困難です。そこで、**契約自由の原則を修正して、「この条件以上でしか労働者を雇ってはならない！」というルールを設けて、労働者を守っている**のです。

労働契約においては、家族への愛情、健康、仕事のやり甲斐など、自由な市場原理では満たされない要素も多く、適切な規制原理こそ重要なのです。

［憲法28条］
勤労者の団結する権利及び団体交渉その他の団体行動をする権利は、これを保障する。

また、②については、とくに、**労働組合法**が中心となります。そもそも、日本国憲法28条が、労働者が団結する権利（団結権）、使用者と交渉する権利（団体交渉権）、要求実現のために団体で行動する権利（団体行動権）を保障しています。**労働者が団結して労働組合を結成し、使用者と対等な立場で交渉し、よりよい条件を獲得する**のです。

日本の場合、産業別、地域別、職業別ではなく、企業別に労働組合が組成されてきました。しかし、組織率の低下、連帯の困難性、活動の低迷など、以前に比べて企業別労働組合の存在感は薄まっており、多くの問題も抱えています。

労働法は、労働者が単なる生産手段にならないよう、労働者を保護する大切な法分野だ。

5 労働問題の断面

いじめや嫌がらせは職場でも

「○○○ハラスメント」という言葉が、私たちの社会に定着して久しいです。ハラスメントとは、嫌がらせ、いじめの意味です。労働関係だと、セクハラ（セクシュアルハラスメント）とパワハラ（パワーハラスメント）が中心でしょうか。労働者の尊厳や名誉感情を傷つける行為が、後を絶ちません。全国にある労働相談窓口では、社内での嫌がらせ、いじめについての相談が急増しています。厚生労働省における「令和3年度個別労働紛争解決制度の施行状況」によれば、総合労働相談件数（全国の都道府県労働局及び労働基準監督署に相談コーナーが設置されています）は、14年連続で100万件を超えており、民事上の個別労働紛争の相談内容別の件数は、「いじめ・嫌がらせ」が10年連続トップとなっています。

職場におけるセクシュアルハラスメントとは、職場において、労働者の意に反

＊113【男女雇用機会均等法11条】①事業主は、職場において行われる性的な言動に対するその雇用する労働者の対応により当該労働者がその労働条件につき不利益を受け、又は当該性的な言動により当該労働者の就業環境が害されることのないよう、当該労働者からの相談に応じ、適切に対応するために必要な体制の整備その他の雇用管理上必要な措置を講じなければならない。

する性的な言動が行われ、①それを拒否したことで解雇、降格、減給などの不利益を受けること（対価型セクシュアルハラスメント）や、②職場の環境が不快なものとなったため、労働者の能力の発揮に大きな悪影響が生じること（環境型セクシュアルハラスメント）をいいます（男女雇用機会均等法11条1項）[*113]。

事業主、上司、同僚に限らず、取引先、顧客、患者、学校における生徒などもセクシュアルハラスメントの行為者になり得るものであり、男性も女性も行為者にも被害者にもなり得るほか、異性に対するものだけではなく、同性に対するものも該当します。また、日常的に働いている場所だけではなく、出張先、取引先、顧客の自宅、取材先、業務で使用する車の中なども職場に含まれます。

総合労働相談における「いじめ・嫌がらせ」の相談件数の推移

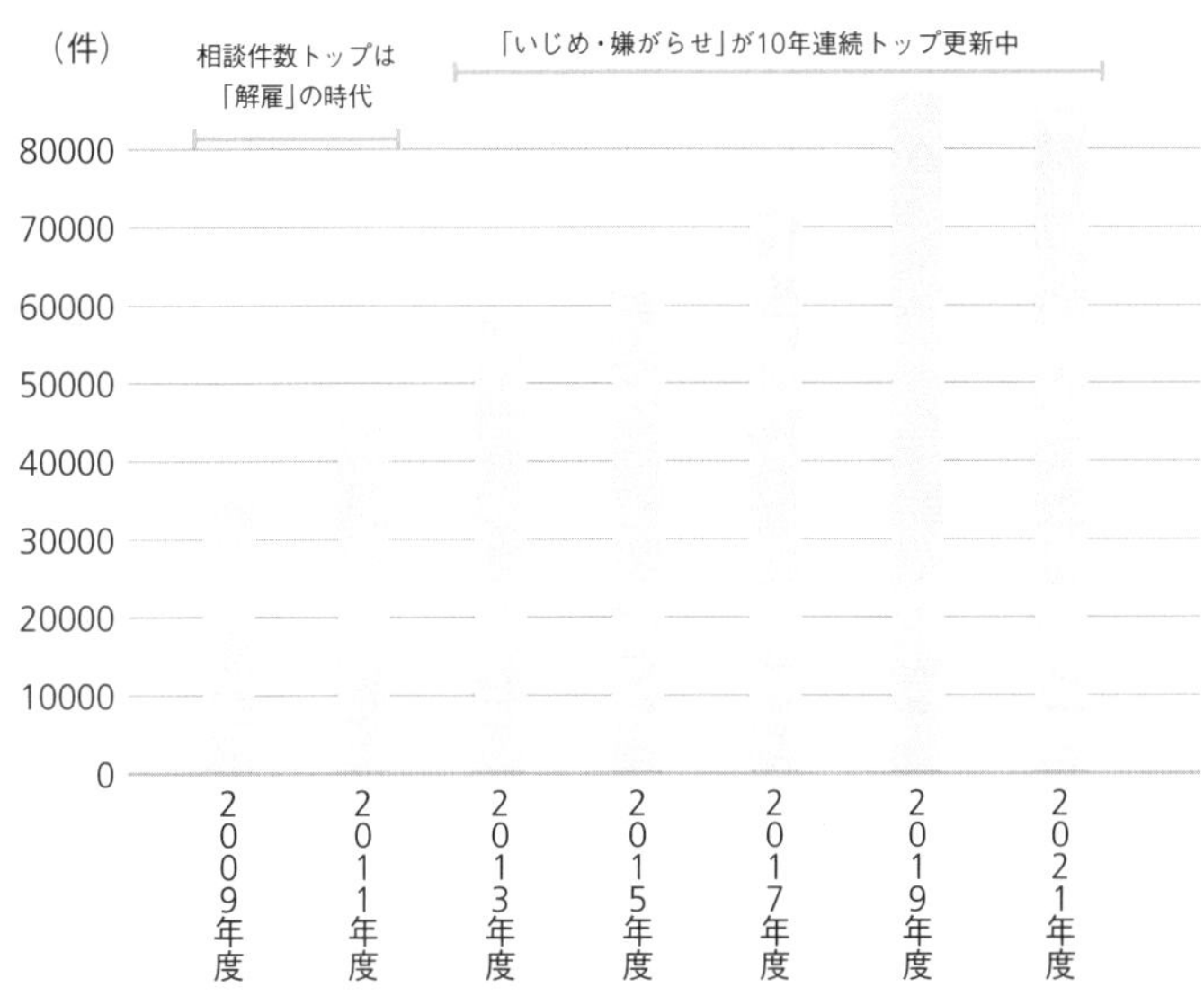

厚生労働省HP「令和3年度個別労働紛争解決制度の施行状況」を基に作成

他方、**職場におけるパワーハラスメント**とは、同じ職場で働く者に対して、職務上の地位や人間関係などの職場内の優位性を背景にして、業務の適正な範囲を超えて、精神的・身体的苦痛を与えるまたは職場環境を悪化させることをいいます。

典型的なものとしては、①身体的な攻撃（暴行・傷害）、②精神的な攻撃（脅迫・名誉毀損・侮辱・ひどい暴言）、③人間関係からの切り離し（隔離・仲間外し・無視）、④過大な要求（業務上明らかに不要なことや遂行不可能なことの強制、仕事の妨害）、⑤過小な要求（業務上の合理性なく、能力や経験とかけ離れた程度の低い仕事を命じることや仕事を与えないこと）、⑥個の侵害（私的なことに過度に立ち入ること）などが挙げられます。

ハラスメントは、時として、**刑事上の犯罪行為に該当する場合もあります。**セクハラの場合は、強制性交罪（刑法１７７条）[＊114]や強制わいせつ罪（刑法１７６条）[＊115]、傷害罪（刑法２０４条）[＊116]や名誉毀損罪（刑法２３０条１項）[＊117]に問われることもあります。パワハラの場合は、身体的な攻撃があるときは、傷害罪（刑法２０４条）や暴行罪（刑法２０８条）[＊118]、侮辱やひどい暴言など精神的な攻撃があるときは名誉毀損罪（刑法２３０条１項）に問われることがあります。

＊114 【刑法１７７条】13歳以上の者に対し、暴行又は脅迫を用いて性交、肛門性交又は口腔性交（以下「性交等」という。）をした者は、強制性交等の罪とし、5年以上の有期懲役に処する。13歳未満の者に対し、性交等をした者も、同様とする。

＊115 【刑法１７６条】13歳以上の者に対し、暴行又は脅迫を用いてわいせつな行為をした者は、6月以上10年以下の懲役に処する。13歳未満の者に対し、わいせつな行為をした者も、同様とする。

＊116 【刑法２０４条】人の身体を傷害した者は、15年以下の懲役又は50万円以下の罰金に処する。

また、**民事上の責任も課されます。**会社は、セクハラやパワハラによって従業員のプライバシーや人格が侵害されないように職場の環境を整備する義務を負っています（男女雇用機会均等法など）。損害賠償責任が加害者に課されるだけではなく、会社にも課されることもあります（使用者責任。民法７１５条[*119]）。

ハラスメントは、個人的な問題だけではなく、組織（職場）全体の問題だ。

外国人が日本を支える？

現在、日本では、たくさんの外国人が働いています。外国人が日本で働く場合、原則として、**出入国管理及び難民認定法**（いわゆる、**入管法**）によって定められる職種に合った在留資格を取得しなければなりません。その在留資格で認められていない職種で働くことや、在留期間が切れている外国人の就労は、不法就労となります。

ところで、日本の労働人口は、労働人口の減少に伴い、将来、不足することが

*117 【刑法２３０条】①公然と事実を摘示し、人の名誉を毀損した者は、その事実の有無にかかわらず、3年以下の懲役若しくは禁錮又は50万円以下の罰金に処する。（後略）

*118 【刑法２０８条】暴行を加えた者が人を傷害するに至らなかったときは、2年以下の懲役若しくは30万円以下の罰金又は拘留若しくは科料に処する。

*119 【民法７１５条】①ある事業のために他人を使用する者は、被用者がその事業の執行について第三者に加えた損害を賠償する責任を負う。ただし、使用者が被用者の選任及びその事業の監督について相当の注意をしたとき、又は相当の注意をしても損害が生ずべきであったときは、この限りでない。（後略）

過去最多、存在感を増す外国人労働者

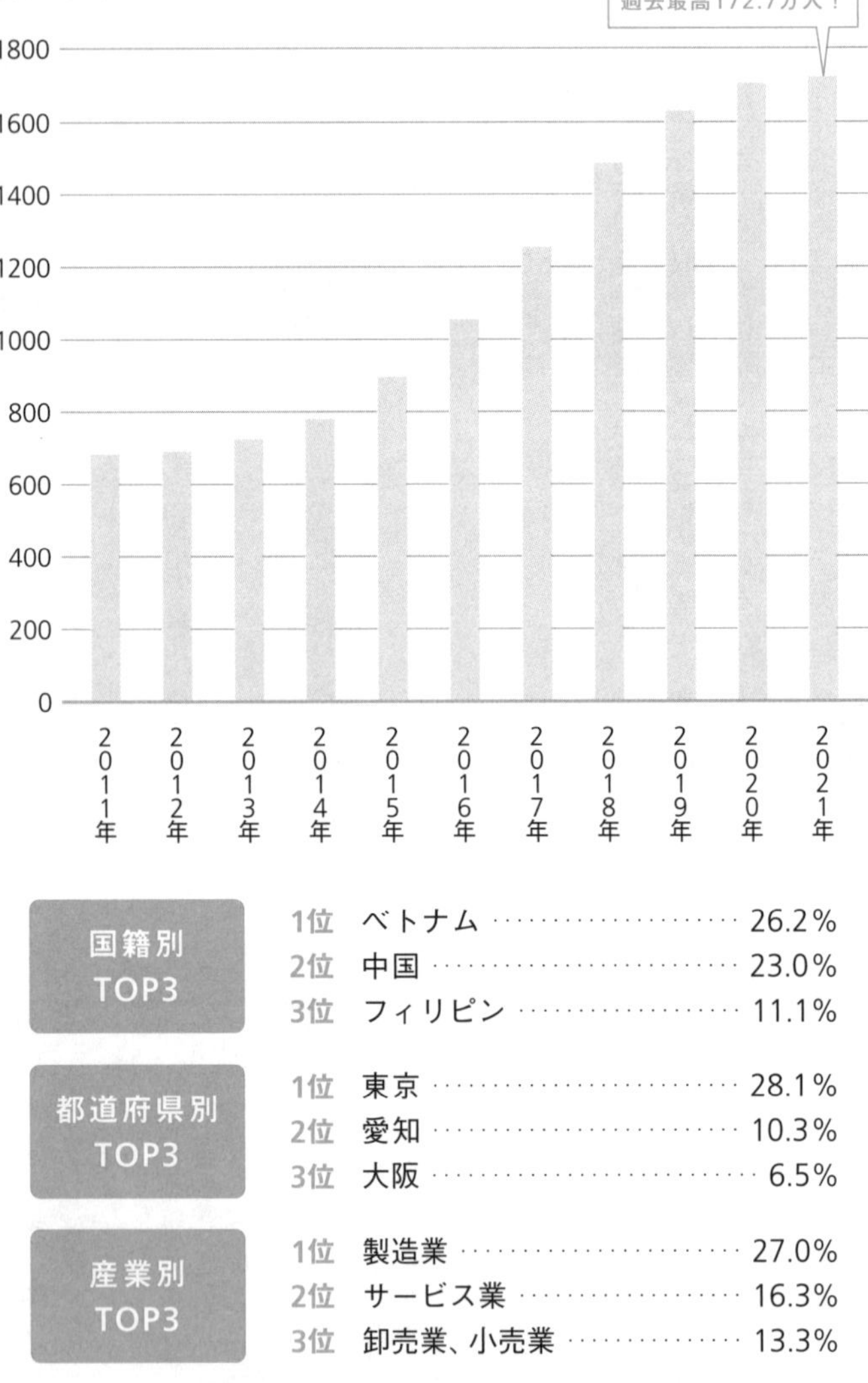

国籍別TOP3	1位	ベトナム	26.2%
	2位	中国	23.0%
	3位	フィリピン	11.1%
都道府県別TOP3	1位	東京	28.1%
	2位	愛知	10.3%
	3位	大阪	6.5%
産業別TOP3	1位	製造業	27.0%
	2位	サービス業	16.3%
	3位	卸売業、小売業	13.3%

厚生労働省HP『「外国人雇用状況」の届出状況まとめ（令和3年10月末現在）』を基に作成

予想されています。そのような中、労働力として、外国人を積極的に受け入れることについての議論がなされています。入管法における在留資格を、今まで以上に緩和するのです。外国人労働者を増やすことによって、人手不足を理由として倒産する企業を救うことができるかもしれません。いわゆる「デカセギ」ではなく、長期に日本に在留することによって、外国人が将来の日本の産業や経済を支える人材として活躍する可能性もあります。

しかし、外国人と日本人が共生できるのか不安視する声も聞かれます。また、これが移民の受け入れの増加につながりかねないという反対論も少なくありません。さらに、今までも法を潜脱して、過酷な労働を外国人に強いてきたブラック企業が、少なからず存在しました。外国人の受け入れの拡大は、そのようなブラックな企業を延命させることにもつながりかねないとの指摘もできます。

将来の労働力の一部を外国人に頼るべきか、大きな政策上の決断といえましょう。ただし、もし積極的に受け入れるのであれば、今まで以上に、外国人が日本で労働できる環境を社会が整えなければなりません。**日本で働く限り、日本人、外国人を問わず、すべての労働者に労働基準法や労働契約法が適用されます。**また、労働者の安全や健康を守る法令も、国籍に関係はありません。健康保険や厚生年金保険、雇用保険、労災保険も、外国人も同様に対象となるものです。

労働者という地位は、日本人も外国人も一緒だよ。国籍による差別があってはいけない。

女性ですけれど、何か?

戦後の日本では、年功序列による昇進と終身雇用という働き方が、一般的でした。そしてそこから「男性が会社で働き、女性が家事・育児をする」という、いわば「家庭内でのワーク・ライフ・バランス」がなされてきました。すなわち、男性は外で責任をもった仕事をし、女性はそれに扶養されつつ家を守るという分業です。しかし今や、それがモデルではなくなっています。本人が望むのであれば、男性も女性も関係なく、社会で活躍する労働環境が整えられなければなりません。企業等における人材の多様性(ダイバーシティ)を確保するためにも、女性の仕事上の活躍は不可欠であるといえます。

しかし、厚生労働省「令和3年版 働く女性の実情」によると、就職を希望していながら働いていない女性が200万人程度おり、また、出産・育児を理由に離職する女性の比率は高く、再就職にあたっても非正規労働となる場合が多い状態が続いていることが分かります。管理職に占める女性の割合も、諸外国と比べて低い状況のままです。

2016年から、**女性の職業生活における活躍の推進に関する法律**が施行されています。この法律によれば、従業員が101名以上の企業では、女性活躍推進のための数値目標を行動計画に盛り込み公表することや、女性の職業選択に資する情報の公表が義務づけられています。

企業での女性の活躍は、法によって推進されるのかな?

ポジティブ・アクションという考え方

女性と労働の関係を論じる際に、**アファーマティブ・アクション**や、**ポジティ**

ブ・アクションという発想に注目することができます。これは、たとえば、女性、障がい者、人種差別を受けている人など、社会構造によって不利益を受けてきた人や、弱者として位置づけられる人に対し、雇用や進学などの面において、むしろ優遇的な措置を採ることで、実質的な平等を図っていこうとする考え方です。

このような考え方は、主として２つの方向から擁護されています。１つは、「補償」です。不当に不利な立場に追いやった差別の歴史があり、それを補償するために、今、優遇されるべきであるという考え方です。ただしこの考え方は、過去に不利益を受けた人と、これから利益を受ける人が一致していないことも多いため、批判的な意見も強くあります。

これに対し、擁護論のもう１つである「多様性」は、より広く社会で認められつつあるように思います。**多様性が確保されている集団の方が、一部の意見だけではなくさまざまな意見を反映させなければならないため、共通善に近づきやすい**という発想です。

アファーマティブ・アクションやポジティブ・アクションは、逆差別を生むために慎重論も根強いです。しかし、受け入れるための基準が明確であり、かつ、社会的に価値のある目的が認められる限り、積極的な優遇措置も正当化され得ないわけではありません。厚生労働省も、ポジティブ・アクションに対する企業の自主的・積極的な取り組みを支援しています。[*120]

ポジティブ・アクションは、男女雇用機会均等法に反しないよ。

*120 ポジティブ・アクションのシンボルマーク「きらら」。

ポジティブ・アクションに取り組んでいます

職場で起こった事故・病気

労災とは、「労働災害」の略語であり、仕事が原因で労働者がけがや病気をしたり、死亡してしまったりすることをいいます。**労働基準監督署で労働災害と認定されると、国の制度である「労災保険」から、さまざまなお金が支払われます。**労災保険は、企業に加入を義務づけて、保険料を支払わせ、労働者が労災に遭った場合に、そこから拠出する仕組みとなっています。

具体的には、①医療機関で療養を受けるときの「療養補償給付」、②療養のために労働ができないとき受け取ることができる「休業補償給付」、③障がいが残ったときの「障害補償給付」、④死亡してしまった場合に遺族が受け取ることができる「遺族補償給付」などがあります。

労災のメリットは、仮に企業にお金がなくても、給付金を受け取ることはできますし、また、企業の故意や過失を証明しなくても、労災認定さえ受けられれば、給付がなされるという点です。「過労自殺」のときは、以前は、労災認定が否定され、保険給付の対象外とされることが多くありましたが、近時では、厚生労働省の通達を基準として、労災認定する事例が増えてきています。

ただし、労災保険の給付金額は、最低限のものでしかありません。そこで、労災保険の申請だけではなく、**併せて、企業に対して民事訴訟を提起し、損害賠償を請求する場合も少なくありません。**企業は、労働者に対して安全配慮義務（労働者の生命、身体、健康などを危険から守るよう配慮すべき義務。労働契約法5条[*121]）を負っているため、その履行がなされなかったことを根拠として、賠償請求をするのです。つまり、災害に遭った労働者の救済は、「労災保険」と「損害賠償」の2段階となっています。

労災保険は、雇用形態にかかわらずすべての労働者が適用対象だ。

＊121【労働契約法5条】使用者は、労働契約に伴い、労働者がその生命、身体等の安全を確保しつつ労働することができるよう、必要な配慮をするものとする。

サービス残業

「サービス残業」という言葉があります。残業をしているのに、残業代の全部または一部が支払われないことです。日本の悪しき慣習として、サービス残業は昔からありましたが、今も相当程度存在することは、さまざまな統計から明らかです。経営陣の無知による場合もありますし、また、「サービス残業なんて常識でしょ?」とか、「サービス残業なしでは、会社の経営が成り立たない」などを理由に、分かっていながらサービス残業を押し付ける悪質な会社もあります。しかし対価のない労働はあり得ません。

そもそも、労働基準法には法定労働時間が定められており、この時間を超えて労働者に仕事をさせることはできません。

[労働基準法32条]

1 使用者は、労働者に、休憩時間を除き1週間について40時間を超えて、労働させてはならない。

2 使用者は、1週間の各日については、労働者に、休憩時間を除き1

日について8時間を超えて、労働させてはならない。

しかし、どこの会社でも、忙しい時期や急ぎの仕事があるでしょうから、時には従業員に残業をしてもらうことも考えなければなりません。そこで、会社側の代表と労働者側の代表が書面により残業を行う旨の協定（**36〔サブロク〕協定**。労働基準法36条[＊122]に基づく協定という意味です）を結び、労働基準監督署へ、その協定の届け出を行うことによって、その協定で定められた残業時間を上限として、残業も認められることになります。

なお、36協定を労働基準監督署に届け出をしたからといって、何時間でも残業をさせられるわけではありません。臨時的な特別の事情がない限り、1カ月で45時間、1年で360時間が上限となっています。また、残業をさせる場合には、その分の賃金を支払わなければならないのは当然です。時間外労働、休日労働をさせる場合には、割増賃金の支払いが義務づけられています。

現在、残業を前提としない働き方が考えられています。また、子育てをしながら仕事をする社員や短時間勤務、フレックス制度など、勤務スタイルも多様化しています。ワーク・ライフ・バランスの定着は、日本の大きな課題です。

＊122 **【労働基準法36条】**①使用者は、当該事業場に、労働者の過半数で組織する労働組合がある場合においてはその労働組合、労働者の過半数で組織する労働組合がない場合においては労働者の過半数を代表する者との書面による協定をし、厚生労働省令で定めるところによりこれを行政官庁に届け出た場合においては、（中略）労働時間（中略）又は（中略）休日（中略）に関する規定にかかわらず、その協定で定めるところによって労働時間を延長し、又は休日に労働させることができる。（後略）

サービス残業の未払い賃金は、あとからでも会社に請求できるよ。

労働Gメン登場！

読者のみなさんは、『ダンダリン一〇一（いちまるいち）』＊123（原作／とんたにたかし・漫画／鈴木マサカズ、講談社）をご存じですか？　労働者の保護を職務とする労働基準監督官を描いた漫画です。働く人を守るルールを遵守するためには曲がらない、融通の利かない（？）女性労働基準監督官・段田凛の活躍が描かれています。

労働基準監督署は、労働問題が発生したときの駆け込み寺のようなところです。会社がしっかりと法令を遵守しているかどうかを調査する権限を持っています。行政機関であり、かつ無料で利用することもできるため、その役割は小さくありません。**会社が残業代を支払わない場合や、不当に長時間労働をさせているような場合などには、まず、労働基準監督署が活用されます。**

労働基準監督署の監督官は、会社に対して、何の前触れもなく「調査」をすることができます。「就業規則を見せなさい」「タイムカードを見せなさい」などと、

＊123　労働基準監督署を舞台に、違法行為を行うブラック企業などから労働者を守る。2013年には竹内結子主演でドラマ化した。

田島隆（原作）鈴木マサカズ（作画）『ダンダリン一〇一』講談社

強制的に会社に立入調査をする権限が与えられているのです。そして、会社に対する「是正勧告・改善指導」などを行うことができるほか、法令違反が重大・悪質な場合などは、「送検」する権限まで与えられています。まさに、労働Gメンです。

労働基準監督官は、働く人を守るために働く人だ。

COLUMN

労働基準監督署の守備範囲

少し注意したいのは、労働基準監督署は、労働問題のどのような案件でも処理をしてくれるところではないということです。むしろ、極めて限定的といってもいいでしょう。簡潔に言うと、労働基準監督署は、会社が労働基準に関係する法令（労働基準法、労働安全衛生法、最低賃金法など）に反していることのみを相談し、アドバイスや対応を求める場所であるといえます。

反対に、そのような法令違反のトラブルでない場合や、違法かどうか判断が難しい場合の相談は、すべて業務の範囲外となります。ですから、ハラスメントの相談、解雇されたことの妥当性の判断、人事評価が公平になされているかどうかの判断などは、取り扱われない可能性が高いです。

なお、労働基準監督署の守備範囲外であったとしても、同署で、労働局でのあっせんを勧められることがあります。労働局とは、会社と労働者の間に発生したトラブルに関して、助言や解決の場を提供する機関です。

さらに深掘り！　読書案内

柴田和史『教養としての「会社法」入門』（日本実業出版社、２０２２年）

秋場大輔『決戦！株主総会ドキュメント―ＬＩＸＩＬ死闘の８カ月』（文藝春秋、２０２２年）

日本経済新聞社編著『関西スーパー争奪―ドキュメント 混迷の２００日』（日経ＢＰ日本経済新聞出版、２０２２年）

中島茂『取締役の法律知識〔第４版〕』（日本経済新聞出版、２０２１年）

水野和夫『株式会社の終焉』（ディスカヴァー・トゥエンティワン、２０１６年）

向井蘭編著『教養としての「労働法」入門』（日本実業出版社、２０２１年）

水町勇一郎『労働法入門〔新版〕』（岩波新書、２０１９年）

坂倉昇平『大人のいじめ』（講談社現代新書、２０２１年）

過労死弁護団全国連絡会議『過労死―過重労働・ハラスメントによる人間破壊』（旬報社、２０２２年）

熊沢誠『過労死・過労自殺の現代史―働きすぎに斃れる人たち』（岩波現代文庫、２０１８年）

木下武男『労働組合とは何か』（岩波新書、２０２１年）

今野晴貴『日本の「労働」はなぜ違法がまかり通るのか？』（星海社新書、２０１３年）

澤田晃宏『ルポ 技能実習生』（ちくま新書、２０２０年）

おわりに

第2版刊行の背景

本書の初版が２０１９年４月に刊行されてから約４年が経過しました。その後、幾度かの増刷を経て、今回、第2版を刊行する運びとなりました。多くの方に読んでいただいていることに、心から感謝しますとともに、第2版を通じて、さらに多くの方が法学に興味を持ってくださることを願います。

第2版の刊行に踏み切ったのは、掲載している統計資料をできるだけ新しくしたかったのに加え、この数年間だけでも目まぐるしく法改正がなされたからです。本書の冒頭で、「法にはダイナミズムがある」ということをお話ししましたが、激動の時代である現在において、社会をコントロールする法の動きも、非常に激しいものがあることを痛感します。

国の基本となる6つの法

第2版の刊行に便乗して、少しだけ補足をさせていただきます。

読者のみなさんは、日本が、どのような法体系になっているか、ご存じでしょうか。日本には多くの法（憲法、法律、条令など）が存在しますが、その中で、最も中心となる法が「六法」と言われるものです。六法というくらいですから、「6つの法」なのですが、それは何かご存じですか？

そもそも「六法」という言葉は、箕作麟祥（みつくりりんしょう）（1846～1897年）がフランス法を翻訳した書籍である『仏蘭西法律書』（1874年）の中で、ナポレオン五法典に憲法を加えた言葉として使ったことに由来すると言われていますが、現在の法に当てはめれば、**憲法**、**民法**、**刑法**、**民事訴訟法**、**刑事訴訟法**、**商法**が六法に該当します。六法は、本書でも何度も登場していますね。本書は、書籍のコンセプトから、法体系を意識した書き方をしていませんが、やはり法の中心には、憲法を頂点とした6つの基本法制があることを頭の片隅においていただければと思います。

「法学」を学ぶ意義

もう一つ。まえがきで書いたことと一部重複しますが、「法学とは、何か」ということに、再度触れておきたいと思います。

実は、この質問に答えることは、とても難しいのですが、あえて言えば、私は、法学の真髄は、**「わたしたちの社会にとって『あるべきルール』を探求すること」**にあると思っています。

あるべきルールを考えることは、決して容易な作業ではありません。時として、個々の権利や利益は、激しく対立するからです。例えば、本書でも、伝統的な家族像VS.現代的な家族像（第1章）、所有権VS.公共の福祉（第2章）、表現の自由VS.プライバシー（第3章）、真相の究明VS.被告人の人権（第3章）、自己責任VS.弱者保護（第4章）、企業の利益VS.労働者保護（第5章）などのように、相反する利益の調整を図らなければならないことを紹介しました。また、さまざまな人が、さまざまな環境の中で、さまざまな価値観を持って生きていますから、何が「あるべきルール」なのかに対する、絶対的な回答はありません。自分の中の正義の正しさを100％実証することが難しい学問なのです。

それでも私たちは、それを他人事にせず、探し続けなければなりません。なぜならば、**日本は、民主主義だから**です。法は、与えられるものではなく、私たち自身が作るものです。冷静に、広い視野で、現在および将来を見据えて、あるべきルールを考えなければなりません。そのための思考を醸成するのが法学です。そのような意味で、**法学は、すべての日本人が学ばなければならない学問**なのです。

本書が、それにほんの少しでも寄与できることを願います。

2023年4月

遠藤研一郎

遠藤研一郎 えんどう・けんいちろう

中央大学法学部教授。1971年生まれ。中央大学大学院法学研究科博士前期課程修了。岩手大学講師、助教授、獨協大学助教授、中央大学准教授を経て、2009年より現職。専門は、民法。共著『高校生からの法学入門』(中央大学出版部)は、SNS、ブラックバイト、既読スルーなど、高校生に身近なトピックから「法的なものの考え方」を掘り下げた入門書として話題に。おもな単著は、『基本テキスト 民法総則』(中央経済社)、『僕らが生きているよのなかのしくみは「法」でわかる』(大和書房)、『"私"が生きやすくなるための同意』(WAVE出版)。

はじめまして、法学 第2版

身近なのに知らなすぎる
「これって法的にどうなの?」

2019年4月20日　初版第1刷発行
2023年4月5日　第2版第1刷発行

著者　遠藤研一郎

発行者　江尻 良

発行所　株式会社ウェッジ
〒101-0052
東京都千代田区神田小川町1-3-1　NBF小川町ビルディング3F
電話:03-5280-0528　FAX:03-5217-2661
https://www.wedge.co.jp　振替00160-2-410636

イラストレーション　川原瑞丸

図版製作　工藤公洋

DTP　株式会社明昌堂

ブックデザイン　albireo

印刷・製本　株式会社暁印刷

ISBN978-4-86310-264-4　C0032
定価はカバーに表示してあります。
乱丁本・落丁本は小社にてお取り替えします。